大展好書　好書大展
品嘗好書　冠群可期

達摩易筋經

●國術古本 ●衙門藏版

南竺 達摩祖師 著

西竺聖僧般刺密諦釋義

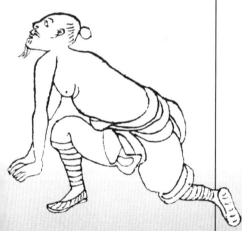

大展出版社有限公司

達摩菩提禪師

壯內以助其外

慧可禪師

易筋以堅其體

目　錄

《易筋經》（上卷）

壯內以助其外

《易筋經》（下卷）附錄

《易筋經》傳承與心得

壯內以助其外

易
筋
以
堅
其
體

達摩易筋經

● 國術古本圖譜

南竺達摩祖師

西竺聖僧般刺密諦釋義

南洲白衣海岱遊人評證

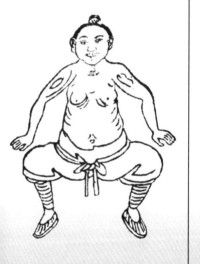

慧可禪師●序

《易筋》、《洗髓》俱非東土之文章，總是西方之妙諦，不因祖師授受，予安得而識之，又烏自而譯之也哉。

我祖師大發慈悲，自西往東，餐風宿水，不知幾經寒暑，登山航海，又不知幾歷險阻，如此者，豈好勞耶，悲大道之多歧，將愈之而愈離，恐接緒之無人，致慧根[1]之淹沒，遍觀諸教之學者，咸遂末而忘本，每在教而泥教，隨見流而債源，忽望震旦[2]，白光灼天，知有載道之器，可堪重大之託，此祖師西來之大義也。

初至陝西敦煌，遺留湯缽於寺，次及中州少林，面壁趺跏九年，不是心息參悟，亦非存想坐功。總因因緣未至，故靜坐久留，以待智人參求耳，及祖師示人，為第一義諦[3]間者，多固執宿習，不能領略，再請予何人斯幸進，至人耳提面命，頓超無上正傳正覺，更有教外別傳《易筋》、《洗髓》二帙。

惟《洗髓》義深，精進無基，初學難解其效，亦難至，是為未後之究竟也，及其成也，能隱能顯，串金透石，脫體圓通，虛靈長活，聚而成形，散則為風，然未可一蹴而至也。

《易筋》義淺，而入手有據，初學易解其效，易臻堪為築基之。初起是必《易筋》之，功竟方可因之，而《洗髓》予得師傳，行《易筋》已效，將《易筋》原本一帙，藏之少林壁間，俟有緣者得之。惟《洗髓》一帙，附之衣

易筋以堅其體

缽④，遠遊雲水，後緣行至，果獲奇應，曾不敢輕以告人，又恐久傳失傳，辜負祖師西來之意，於是不揣鄙陋，翻為漢語，只求不悖經文，不敢致飾於章句，依經詳譯於後，並為序言於前，以俟智者之玩味而有得也。

釋慧可⑤謹序

【注】

① **慧根**：智慧的根性，為五根之一。

② **震旦**：亦作振旦、真丹、神丹，新譯支那。古印度人對中國的稱呼。

③ **第一義諦**：即有就是空，空也就是有，圓融無礙，不偏於一邊。

④ **衣缽**：衣即祖衣，缽亦稱缽盂、應器，用土或鐵製成，佛教內傳衣缽，表示有傳承法脈。

⑤ **釋慧可**：（西元487-593）河南滎陽人，少為儒生，博覽群書，通達老莊易學。後出家，精研佛經，禮菩提達摩為師，從學六年，得付心印。被尊為禪宗二祖。

壯內以助其外

易筋經●序

後魏孝明帝太和年間，達摩大師自梁適魏，面壁于少林寺。一日謂其徒眾曰：盍各言所知？將以占乃詣，眾因各陳其進修。師曰：某得吾皮，某得吾肉，某得吾骨。惟於慧可（名僧）曰：爾得吾髓，云云。後人漫解之，以為入道之淺深耳，蓋不知其實有所指，非漫語也。

迨九年，功畢示化，葬熊耳山①腳，乃遺隻履而去。後面壁處碑砌，壞於風雨，少林僧修葺之，得一鐵函，無封鎖，有際會，百計不能開。一僧悟曰：此必膠之固也，宜以火，函遂開，乃熔蠟滿，注而四著故也。得所藏經二帖，一曰：《洗髓經》，一曰：《易筋經》。

起伊《洗髓經》者，謂人主生，感於愛欲，一落有形，悉皆滓穢。欲修佛諦，動障真如，五臟六腑、四肢百骸，必先一一洗滌淨盡，純見清虛，方可進修入佛智地。不由此經進修，無基無有是處。讀至此，然後知向者，所謂「得髓者」非譬喻也。

易筋者，謂髓骨之外，皮肉之內，莫非筋連絡周身，通行氣血。凡屬後天，皆其提挈，借假修真，非所贊勤，立見頹靡，視作泛常，曷臻極至。舍是不為，進修不力，無有是處！讀至此，然後加所謂皮、肉、骨者，非譬喻亦非漫語也。

《洗髓經》帙②歸於慧可，附衣缽，共作秘傳，後世罕見。惟《易筋經》留鎮少林，以永師德。第其經字，皆

易筋以堅其體

天竺[3]文，少林諸僧，不能遍譯，間亦譯得，十之一二，復無至人，口傳密秘，遂各逞已意，演而習之，竟趨旁徑，落於枝葉，遂失作佛真正法門。

至今少林僧眾，謹以角藝擅場，是得此經之一斑也。眾中一僧，具超絕識念，惟念達摩大師，既留聖經，豈惟獨小技？今不能譯，當有譯者，乃懷經遠訪，遍歷山嶽，一日抵蜀，登峨眉山，得晤西竺聖僧般刺密諦[4]，言及此經，並陳來意。聖僧曰：佛祖心傳，基先於此，然此經文不可譯，佛語淵奧也。經義可譯，通凡達聖也，乃一一指陳，祥譯其義，且止僧於山場，挈進修百日而凝固，再百日而充周，再百日而暢達，得所謂金剛堅固地，馴此人佛智地，洵為有基筋矣。

僧志堅精，不落世務，乃隨聖僧，化行海嶽，不知所之。徐鴻客遇之海外，得其秘諦。既授於虯髯客[5]，虯髯客復授於予。嘗試之輒奇驗。始信語真不虛，惜乎未得洗髓之秘，觀遊佛境。又惜立志不堅，不能如僧不落世務，乃僅借六花小技，以勳伐終，中懷愧歉也。

然則此經妙義，世所未聞。僅序其由，俾知顛末，企望學者，務期作佛，切勿要區區作人間事業也。若各能作佛，乃不負達摩大師留經之意。若曰勇足以名世，則古之以力聞者多矣，奚足錄哉？

時 唐貞觀二載春三月三日

李靖[6]藥師甫序

壯內以助其外

【注】

①熊耳山：達摩禪師圓寂後葬熊耳山，今河南宜陽，立塔于定林寺，今河南陝縣。

②《洗髓經》帙：即包裝好的一部《洗髓經》，帙即古代用於裝套線裝書的套子。

③天竺：華夏稱古印度為天竺國，天竺國又分為東天竺、南天竺、西天竺、北天竺和中天竺，故又稱五竺。

④般剌密諦：中天竺人，唐代譯經僧，唐中宗神龍元年（705）于廣州制止道場譯出《大佛頂首楞嚴經》十卷。

⑤虬髯客：虬髯是指頰鬚捲曲，唐代俠士虬髯客與李靖同時代人，《神仙感遇傳》載有〈虬髯客傳〉。

⑥李靖：（571-649）本名藥師，京兆三原（今陝西三原東北）人，唐初軍事家，精通兵法。

易筋以堅其體

《易筋經》內外神勇●序

予武人也，目不識一字，好弄長槍大劍，盤馬彎弓，以為樂。值中原淪喪，徽欽北狩，泥馬渡河，江南多事。予因應我少保岳元帥[①]之幕，署為裨將，屢上戰功，遂為大將。

憶惜年奉少保將令出征，後旋師還鄂。歸途忽見一遊僧，狀貌奇古，類阿羅漢像，手持一函入營，囑予致少保，叩其故，僧曰：將軍知少保有神力乎？予曰；不知也，但見吾少保能挽百石之弓耳。僧曰：少保神力天賦之歟？予曰：然。僧曰：非也，予授之耳。少保少嘗從事於予，神力成功。予囑其相隨入道，不之信去而作人間勳業事，名雖成，志難竟，天也、運也、命也，奈若何，今將及矣。煩致此函，或能反省獲免。

予聞言不勝驚異，叩姓氏不答，叩所之曰：西訪達師。予懼其神威，不敢挽留，竟飄然去。

少保得函，讀末竟，泣數行下，曰：吾師神僧也，不吾待，吾其休矣。因從襟袋中，出冊付予。囑曰：好掌此冊，擇人而授，勿使進道法門，斬焉中絕，負神僧也。

不數月，果為奸相所構。予心傷於少保，冤憤莫伸，視功勳若糞土，因無復人間之想矣。念少保之囑，不忍負，恨武人無巨眼，不知斯肚，誰具作佛之志，堪傳此冊。傳於嵩山石壁之中，聽有道緣者自得之，以衍進道之法門，庶免妄傳之咎，可酬對少保於天上矣。（按：宋名

將牛皋[2]，目不識文，茲序疑係將軍口授，幕室為之也。）[3]

時　宋紹興十二年

鄂鎮大元帥少保岳麾下

宏毅將軍（湯陰）牛皋鶴九甫序

【注】

①**岳元帥**：（1103-1142）岳飛字鵬舉，相州湯陰（今河南）人。抗金名將，孝宗時追諡「武穆」。甯宗時追封「鄂王」。紹興十一年被害。

②**牛皋**：（1087-1147）字伯遠，汝州魯山（今河南）人。跟隨岳飛屢立戰功，官至承宣使。

③（**按：…**）：凡正文內括弧中的文字，係原著中藏書者手書，為保持原貌和傳承故保留，用括弧以示分別。

一、總　論

南洲白衣[1]海岱遊人評正

　　譯曰：佛祖大意，謂登證果者，其初基有二，一曰：清虛。二曰：脫換。能清虛則無障，能脫換則無礙。無障無礙，始可入定出定矣。知乎此則進道有其基矣。

　　所云：清虛者，洗髓是也，脫換者，易筋是也。

　　其洗髓之説，謂人之生感於情欲，一落有形之身，而臟腑肢骸，悉為穢所染，必洗滌淨盡，無一毫之瑕障，方可步超凡入聖之門，不由此則進道無基。

　　所言洗髓者，欲清其內。

　　易筋者，欲堅其外。如果能內清淨，外堅固，登聖域，在反掌之間耳！何患無成？且云易筋者，謂人身之筋骨，由胎稟而受之，有筋馳者、筋攣者、筋靡者、筋弱者、筋縮者、筋壯者、筋舒者、筋勁者、筋和者，種種不一，悉由胎稟。如筋馳則病、筋攣則瘦、筋靡則痿、筋弱則懈、筋縮則亡、筋壯則強、筋舒則長、筋勁則剛、筋和則康。

　　若其人內無清虛而有障，外無堅固而有礙，豈許入道哉？故入道莫先于，易筋以堅其體，壯內以助其外。否則道亦難期。

　　其所言易筋者，易之為言大矣哉！易者，乃陰陽之道也，易即變化之易也。易之變化，雖存乎陰陽，而陰陽之變化，實有存乎人。弄壺中之日月，摶掌上之陰陽，故二豎[2]繋之。在人無不可易，所以為虛為實者，易之；為寒

壯內以助其外

為暑者，易之；為剛為柔者，易之；為動為靜者，易之；高下者，易其升降；先後者，易其緩急；順逆者，易其往來；危者，易之安；亂者，易之治；禍者，易之福；亡者，易之存；氣數者，可以易之挽回；天地者，可以易之反覆；何莫非易之功也。

至若人身之筋骨，豈不可以易之哉？然筋人身之經絡也，骨節之外，肌肉之內，四肢百骸，無處非筋，無筋非絡，聯絡周身，通行血脈，而為精神之外輔。如人肩之能負，手之能攝，足之能履，通身之活潑靈動者，皆筋之挺然者也，豈可容其馳、攣、靡、弱哉？而病、瘦、痿、懈者，又寧許取入道乎？

佛祖以挽斡旋之法，俾筋攣者，易之以舒；筋弱者，易之以強；筋馳者，易之以和；筋縮者，易之以長；筋靡者，易之以壯。即綿涯之身，可以立成鐵石，何莫非易之功也。

身之利也，聖之基也，此其一端耳，故陰陽為人握也。而陰陽不得，自力陰陽，人各成其人也。而人勿為陰陽所羅，以血氣之軀，而易為金石之體，內無障、外無礙，始可入得定去，出得穴來，然此著功夫，亦非細故也。而功者，有漸次，法有肖外，氣有運用，行有起止。至藥物器制，火候歲年，飲食起居，始終各有證驗，其入斯門者，務宜先辦香信，次立虔心，奮勇堅往精進，如法行搏而不懈。無不立躋於聖域者云。

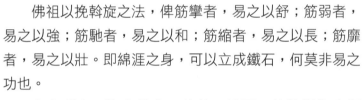

般剌密諦曰：此篇就達摩大師本意，言易筋之大概，譯而成文，毫不敢加以臆見，或創造一語，後篇行功，法則具祥，原經譯義，倘遇西竺高明聖僧，再請琢磨可也。

【注】

①**白衣**：佛教名相，佛教有四眾，出家眾比丘、比丘尼，亦稱黃衣；在家眾優婆塞、優婆夷，亦稱白衣。在教內有「黃衣上座，白衣下座。」之說，少林寺有白衣殿又稱拳譜殿。

②**二豎**：病魔的代名詞，《左傳·成公十年》：「公夢疾為二豎子，曰：彼良醫也，懼傷我，焉逃之。其一曰：居膏之下，肓之上，奈我何。」後比喻不治之症謂，病入膏肓。

二、膜 論

夫一人之身，內而五臟六腑，外而四肢百骸，內而精氣與神，外而筋骨與肉，共成其一身也。如臟腑之外，筋骨主之，筋骨之外，肌肉主之，肌肉之內，血脈主之。周身上下，動搖活潑者，此又主之於氣也。是故修煉之功，全在培養氣血者，為大要也。

即如天之生物，亦莫不隨陰陽之所至，而百物生焉。況于人生乎？又況於修煉乎？且夫精、氣、神雖無形之物也，筋、骨、肉乃有形之身也。

此法必先煉有形者，為無形之佐，培無形者，為有形之輔，是一而二、二而一者也。若專培無形，而棄有形，則不可。專煉有形，而棄無形，則更不可。所以有形之身，必得無形之氣，相倚而不相違，乃成不壞之體。設相違而不相倚，則有形者，亦化而無形矣。

壯內以助其外

是故煉筋，必須煉膜，煉膜必須煉氣。然而煉筋易，而煉膜難，煉膜難，而煉氣更難。先從極難、極亂處立定腳跟，後向不動攤處。

認斯真法，務培其元氣，守其中氣，保其正氣，護其肝氣，調其肺氣，理其脾氣，升其清氣，降其濁氣，閉其邪惡不正之氣，勿傷於氣，勿逆於氣，勿憂思悲怒，以預其氣，使氣清而平，平而和，和而暢，達能行於筋，串於膜，以至通身靈動，無處不行，無處不到。氣至則膜起，氣行則膜張，能起能張，則膜與筋，齊堅齊固矣。

如煉筋不煉膜，而膜無所主，煉膜不煉筋，而膜無所依，煉筋、煉膜、不煉氣，而筋膜泥而不起。煉氣不煉筋膜，而氣痿，而不能宣達、流串於經絡，氣不能流串，則筋不能堅固，此所謂參互共用，錯綜其道也。

俟煉至筋起之後，必宜倍加功力，務使周身之膜，皆能騰起，與筋齊堅，始為子當。否則筋堅無助，譬如植物無土培養，豈曰全功也哉？

般刺密諦曰：此篇言易筋，以煉膜為先，煉膜以煉氣為主，然此膜人多不識，不可為脂膜之膜，乃筋膜之膜也。脂膜腔中物也，筋膜骨外物也，筋則聯絡肢骸。膜則包貼骸骨，筋與膜較，膜軟於筋，肉於膜較，膜勁於肉。膜居肉內，骨之外，包骨襯肉之物也。其狀若此，行此功者，必使氣串於膜間，護其骨，壯其筋，合為一體，乃曰全功。

易筋以堅其體

三、內壯論

內與外對，壯與衰對。壯與衰較，壯可久也。內與外較，外勿略也。內壯言堅，外壯言勇，堅而能勇，是其勇也；勇而能堅，是真堅也。堅堅勇勇，勇勇堅堅，乃萬劫不化之身，方是金剛之體矣。

凡煉內壯，其則有三，一曰：守此中道[1]。守中[2]者，專於積氣也。積氣者，專於眼、耳、鼻、舌、身、意也。其下手之要，妙於用揉，其法詳後。

凡揉之時，宜解襟仰臥，手掌著處，其一掌下，胸腹之間，即名曰「中」，惟此「中」乃存氣之地，應須守之。

守之之法，在乎含其眼光，凝其耳韻，均其鼻息，緘其口氣，逸其身勞，鎮其意馳，四肢不動，一念冥心，先存想其中道，後絕其諸妄念，漸至如一不動，是名曰「守」，斯為合式。

蓋揉在於是，則一身之精氣，俱注於是，久久積之，自成其庚方一片矣。設如雜念紛紛，馳想世務，神氣隨之而不凝，則虛其揉矣，何益之有。

二曰：勿他想。人身之中，精神氣血，不能自主，悉聽於意，意行則行，意止則止。「守中」之時，意隨掌下，是為合式。

若或馳意於各肢，其所凝積，精氣與神，隨即走散與各肢，即成外壯，而非內壯矣。揉而不積，又虛其揉矣。有何意哉？

壯內以助其外

三曰：持具充周。凡「揉」與「守」所以積氣，氣既積也，精神血脈，悉皆附之，守之不馳，揉之且久，氣惟中蘊[3]，而不旁溢，氣積而力自積，氣充而力自周。

此氣即孟子所謂，至大至剛，塞乎天地之間者，是吾浩然之氣也。

設未及「充周」，馳意外走，散於四肢，不惟外壯不全，而內壯亦屬不堅，則兩無是處矣。

般刺密諦曰：人之初生，本來原善，若為情欲雜念分去，則本來面目，一切抹倒。又為眼、耳、鼻、舌、身、意，分損靈犀，蔽其慧性，以致不能悟道。

所以，達摩大師面壁少林九載者，是不縱耳目之欲也。耳目不為欲縱，猿馬[4]自被具鎖縛矣。故達摩得斯真法，始能隻履西歸，而登正果也。

此篇乃達摩佛祖心印[5]，先基真法，在「守中」一句，其用在於其眼光七句，若能如法行之，則雖愚則明，雖柔必強，極樂世界可立面登矣。

【注】

①**中道**：佛教名相，意為不墮「兩邊」，不偏不倚的正中之道，道即道理或方法。

②**守中**：《老子》曰：「多言數窮，不如守中。」

③**中蘊**：佛教名相，中即守中之中，蘊是積聚的意思。

④**猿馬**：即心猿意馬，喻人心散亂如猿猴，指在靜坐時不胡思亂想，能守住心意。

⑤**心印**：佛教名相，心者佛心，印者印可。禪宗不立文字，不依言語，只以心傳心。

四、揉法

夫揉[①]之為用，意在磨礪其筋骨也。磨礪者，即揉之謂也。其法有三段，每段百日。

一曰：揉有節候。如春月起功，功行之時，恐古春寒，難以裹體，只可解開襟次，行於二月中旬，取天道漸和，方能現身，下功漸暖，乃為通便，任意可行也。

二曰：揉有定式。人之一身，右氣左血，凡揉之法，宜從身右，推向於左，是取推氣入於血分，令其通融。

又取胃於右，揉令胃寬，能多納氣。又取揉者，右掌有力，用而不勞。

三曰：揉宜輕淺。凡揉之法，雖曰入功，宜法天義，天地生物，漸次不驟，氣至自生，候至物成。

揉若法之，但取推蕩徐徐，來往勿重勿深，久久自得，是為合式。

設合太重，必傷皮膚，恐生斑痱，深則傷於肌肉、筋膜，恐生熱腫，不可不慎。（被揉者仰臥於床，使童子立床頭，伸右手揉被揉者之右腹）

壯內以助其外

【注】

①**揉**：揉法是古代按摩手法之一，「揉」謂：矯而正之。

五、採精華法①

太陽之精，太陰之華，二氣交融，化生萬物。

古人善採咽者，久久皆仙，其法秘密，世人莫知，即有知者，苦無堅志，且無恒心，是為虛負，居諸而成之者少也。

凡行內煉者，自初功始，至於成功，以至終身，勿論閑忙，勿及外事。若採咽之功，苟無間斷，則仙道不難於成，其所以採咽者，蓋取陰陽精華，益我神智，俾凝滯漸消，清靈自長，百病不生，良有大益。

其法：日取於朔②，謂於月初之交，其氣方新，堪取日精；月取於望③，謂金水盈滿，其氣正旺，堪取月華。

設朔望日，遇有陰雨，或值不服，則取初二、初三，十六、十七，猶可凝神補取，若過此六日，則日昃、月虛而不足取也。

朔取日精，宜寅卯④時，高處默對，調勻鼻息，細吸光華，合滿一口，閉息凝神，細細嚥下，以意送之，至於中宮⑤，是為一咽。如此七咽，靜守片時，然後起行，任從酬應，毫無妨礙。

望取月華，亦准前法，於戌亥⑥時，採吞七咽，此乃天地自然之力，惟有恒心者，乃能享用之，亦惟有信心，乃能取用之，此為法中之一大功，切勿忽誤也。

易筋以堅其體

【注】

①**採精華法**：道家養生秘法，古代醫書和道書中多有記載。

②**朔**：夏曆（農曆）每月初一、初二、初三，三日為朔日，
可採日精。

③**望**：夏曆（農曆）每月十四、十五、十六，三日為望日，
可採月華。

④**寅卯**：寅時是地支的第三位，凌晨三點到五點。卯時是地
支的第四位，早晨五點到七點。

⑤**中宮**：內丹術術語，《中和集》：「神居乾宮，氣居中
宮，精居坤宮。」

⑥**戌亥**：戌時是地支的第十一位，下午七點到九點。亥時是
地支的最末一位，晚上九點到十一點。

六、服藥法

煉壯之功，外資與揉，內資於藥。

行功之際，先服藥一丸，約藥入胃，將化之時，即行
揉功。揉與藥力，兩相迎湊，乃為得法，過猶不及，皆無
益也。

行功三日，服藥一次，照此為常。

壯內以助其外

七、內壯藥方

野蒺藜（炒去刺）　　　熟地黃（酒製）
白茯苓（去皮）　　　　灸甘草（蜜灸）
白芍藥（火煨）　　　　朱砂（水飛）各五兩
人參、川芎（酒炒）　　白米（土炒）
當歸（酒製）各一兩

共為細末，煉蜜為丸，重二錢，每服一丸，湯酒任下。

一云，多品合丸，其力不專，另立三方，任用一方：蒺藜炒去刺，煉蜜為丸，每服一錢或二錢。

一方：朱砂（三分水飛過）蜜水調下。

一方：茯苓，去皮為末，蜜丸或蜜水調下，或作塊浸蜜中，久浸愈佳，約服一錢。

八、湯洗方

行功之時，頻宜湯洗，蓋取其鹽能軟堅，功力易入，涼能散火，不致驟熱。

一日一洗，或二日一洗，以此為常，功成則止。

地骨皮、食鹽，各宜量，入煎水，乘熱湯染，則血氣融和，皮膚舒暢矣。

九、初月①行功法

　　初揉之時，揀擇少年童子，更迭揉之，一取力小，揉推不重，一取少年，血氣壯盛。

　　未揉之，先服藥一丸，約藥將化時，即行揉法，揉力與藥一齊運行，乃得其妙。

　　揉時當解襟仰臥，心下臍上，適當其中，按以一掌，自右向左揉之，徐徐往來。均勻勿輕離皮，勿重而著骨，勿亂動遊擊，斯為合式。

　　當揉之時，冥心內觀，著意「守中」，勿忘勿助，意不外馳，則精、氣、神皆附注一掌之下。是為如法。

　　火候若「守中」練熟，揉推勻淨，正揉之際，竟能睡熟，更為得法，愈於醒守也，如此行時，約略一時，時不能定，則以大香②二炷為則，早、午、晚共行三次，日以為常。

　　如少年火盛，只宜每晚兩次，恐其太驟，致生他虞，行功既畢，靜睡片刻，清醒而起，應酬無礙。

【注】

①初月：初月為十二月行功之初，古時傳功講究學功和煉功時辰，以夏曆計傳功從正月始，為初月行功，隨四時變化而行功。

②大香：大香一炷即為三支，古時煉功焚香，有二種作用，一是計時，一炷香為半個時辰（一小時），一炷大香為一個時辰。二是香之性味，有通經、開竅、醒腦之功效。

十、二月行功法

　　初功一月，氣已凝聚，胃覺寬大，其腹兩旁，筋皆騰起，各寬寸餘，用氣努之，硬如木石，便為有驗[1]。

　　兩筋之間，自心至臍，軟而有陷，此則是膜較深於筋，掌揉不到，不能騰起也。

　　此時應於前所揉，一掌之旁，各揉開一掌，乃如前法，徐徐揉之，其中軟處，須用木杵[2]，深深搗之。

　　久則膜皆騰起，浮至於皮，與筋齊堅，全無軟陷，如為全功。

　　此揉、搗之功，亦准二香，日行三次，以為常則，可無人盛之虞矣。

【注】
①**有驗**：煉功之功效是有驗證的，初月行功後即可驗。
②**木杵**：木杵、木槌是二月以後行功之工具，詳見〈木杵、木槌說〉。

十一、三月行功法

　　功滿兩月，其間陷處，至此略起，乃用木槌，輕輕打之。兩旁所揉，各寬一掌處，卻用木槌，如法搗之。

　　又於其旁，至兩筋稍，各開一掌，如法揉之。

　　准以二香為則，日行三次。

十二、四月行功法

功滿三月，其中三掌，皆用槌打，其外兩掌，先搗後打①。日行三次，俱准二香，功愈百日，則氣滿筋堅，膜亦騰起，是為有驗。

【注】
①**先搗後打**：三月以前行功揉配合搗，從四月行功始須先搗後打，打即排打，排打法詳見〈行功輕重法〉、〈用功淺深法〉、〈兩肋內外功夫〉、〈木杵木槌說〉、〈石袋說〉等。

十三、行功輕重法

初行功時，以輕為主，必須童子，其力平也。

一月之後，其力漸盛，須有力者，漸漸加重，乃為合宜，切勿太重，以至動火，切勿遊移，或致傷皮，慎之、慎之。

十四、用功淺深法

初功用揉，取其淺也，漸次加力，是因氣堅，稍為增重，仍是淺也。

次功用搗，方取其深，再次用打，打外雖尚屬淺，而震入於內，則屬深，俾內外皆堅，方為有得。

十五、兩肋內外功夫

功愈百日，氣已盈滿，譬之澗水，平岸浮堤，稍為決道，則奔放他之，無處不到，無復在澗矣。當此之時，切勿用意，引入四肢，所揉之外，切勿輕用，槌杵搗打，略有引導，則入四肢，即成外勇，不復來歸，行於骨內，不成內壯矣。

其入內之法：為一石袋，自從心口，至兩肋稍，骨肉之間，密密搗之。

兼用揉法，更用打法，如是久久，則所積盈滿之氣，循之入骨，有此則不外溢，如成內壯矣。

內外兩支，於此分界，極當辨審，倘其中稍有夾雜，若輕用引導、弩拳、打撲等式，則氣趨行於外，永不能復入內矣，慎之、慎之。

十六、木杵木槌說

 木槌圖　　　　木杵圖

（附圖一）　　　　　（附圖二）

槌長一尺，圍圓四寸，把
細木杵長六寸，中頂粗，
其粗之中略高。

木杵長六寸，中徑寸半，
頭圓尾尖，即為合式。

壯內以助其外

　　木杵、木槌皆用堅木為之，降真香為最佳，文楠次
之，花梨、白檀、鐵梨又次之。

　　杵長六寸中徑五分，頭圓尾尖即為合式。

　　槌長一尺，圍圓四寸，把細頂粗，其粗之中外略高少
許，其高處著肉，而兩頭尚有間空（插圖一、二），是為
合適。

十七、石袋說

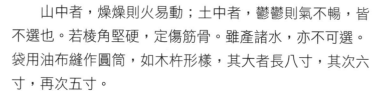

　　木杵、木槌，用於肉處，其骨縫之間，悉宜石袋[①]打之。

　　取石頭要圓淨，全無棱角，大如葡萄，小如榴子，生於水中者，乃堪入選。

　　山中者，燥燥則火易動；土中者，鬱鬱則氣不暢，皆不選也。若棱角堅硬，定傷筋骨。雖產諸水，亦不可選。袋用油布縫作圓筒，如木杵形樣，其大者長八寸，其次六寸，再次五寸。

　　大者，石用一斤，其次十二兩[②]；小者，半斤。分置袋中，以指挑之，挨次撲打，久久行之，骨縫之間，膜皆堅壯也。

【注】

① 石袋：排打功的工具，採用什麼形狀，什麼地方，以及多大的石子，本章節都有說明。

② 十二兩：舊制重量單位，一市斤合十六兩。

十八、五、六、七、八月
行功法

功愈百日，心下兩旁，至兩肋之梢，已用石袋打[1]，而且揉矣。

此處乃骨縫之交，內壯外壯，在此分界，不於此處導引，向外則其積氣，向骨縫中行矣。

氣循打處，逐路而行，宜自心口，打至於頸；又自肋梢，打至於肩，周而復始，均不可逆打。

日行三次，共准六香，勿得間斷，如此百日，則氣滿前懷，任脈充盈，功將半矣。

壯內以助其外

【注】

[1]石袋打：即排打功，五至八月行功可用排打法結合揉法，使氣能向骨縫中行，排打不宜過重、過急，排打法應視為「易筋以堅其體」的一種手段。

十九、九、十、十一、
十二月行功法[1]

功至二百日，前懷氣滿，任脈充盈，則宜運入後，以充督脈，從前之氣，以至肩頸，今則自肩至頸，照前打

法，兼用揉法，上循玉枕②，中至夾脊③，下至尾閭④，處處打之，周而復始，不可倒行。

脊旁軟處，以掌揉之，或用槌杆，隨便搗打，日准六香，其行三次，或上或下，或左或右，揉打周遍，如此百日，氣滿脊後，能無百病，督脈充滿，凡打一次，用手遍搓，令其均潤。

【注】

①九、十、十一、十二月行功法：這四個月的行功至關重要，連續通後三關（尾閭、夾脊、玉枕）。

②玉枕：內丹術術語，後三關之一，玉枕在後腦骨，又名，風池、鐵壁，此關竅最小而難開。

③夾脊：內丹術術語，後三關之一，夾脊在背脊二十四節，上應二十四節氣。又名，雙關。直透頂門。

④尾閭：內丹術術語，後三關之一，尾閭在尻背上第三節，又名，長強、三岔路、河車路、禁門等。其下是關元，其前曰氣海，乃陰陽變化之處，任督交會之地。

二十、配合陰陽法

天地一大陰陽也，陰陽相交，而後萬物生；人身一小陰陽也，陰陽相交，而後百病無。

陰陽互用①，氣血交融，自然無病，無病則壯，其理分明，然行此功，亦借陰陽交互之義，盜天地萬物之元機也，如此祛病。

凡人身中，其陽衰者，多患痿弱，虛憊之疾，宜用童子少婦，依法揉之。蓋以女子外陽而內陰，借取其陽，以助我之衰，自然之理也。

若陽盛陰衰者，多患人病，宜用童子少男，蓋以男子外陽而內陰，借取其陰，以制我之陽盛，亦是元機。

至於無病之人，行此功者，則從其便，若用童男少女，相間揉之，令其陰陽各暢，行之更妙。

【注】

①**陰陽互用**：是運用人與自然，人與人之間的陰陽互用，這一方法從〈揉法〉章開始一直在介紹，陰陽的配合須有正念在心，那麼是互利的。

二十一、下部行功法[①]

積氣至三百餘日，前後任、督二脈，悉皆充滿，再行此下部功夫，令其通貫[②]。

蓋以任、督二脈，人在母胎本已生成，至出胎以後，飲食出入，隔其前後，分為二脈。其督脈，下上齦循頂，行脊間至尾閭；其任脈，自承漿循胸，行腹下至會陰，兩不相貫合。行此下部之功，則氣至，可以通接，而交旋矣。

行此功夫，其法在兩處，其目有十段。

兩處者，一在睾丸，一在玉莖。在睾丸，曰攢、曰掙、曰搓、曰拍；在玉莖，曰咽、曰摔、曰握、曰洗、曰

壯內以助其外

束、曰養。

以上十字，除咽、洗、束、養外，餘六字，用手行功。皆自輕至重，自鬆自緊，自馳至安，周而復始，不計其數。

日以六香，分行三次，百日成功，則其氣充滿，超越萬物矣。

凡振、挣、拍、摔、握、搓六字，皆手行之，漸次輕重。

若咽，則初行之始，先吸三口清氣，以意咽下，默送至胸；再吸一口，送至臍間；又吸一口，送至下部行功處。然後乃行攢、挣等功。

握字功，皆用努氣至頂，方為有得，日以為常。

洗者，用藥水，逐日湯蕩一次，一取透和氣血，一取蒼老皮膚。

束字者，功畢洗畢，用軟帛作繩，束其根莖，鬆緊適宜，取其常伸不屈之意。

養者，功成物壯，百戰勝人，是其本分。猶恐其嫩，或致他虞，先用舊鼎，時或養之。養之者，宜安閒溫養，切勿馳騁，勿令慣戰，然後能無敵矣。

行滿百日，久久益佳。弱者強，柔者剛，縮者長，病者康，居然烈丈夫。雖木石鐵槌，亦無所惴，以之塵戰，應無敵手，以之延嗣，則百斯男，吾不知天地之間，更有何藥在於是法！

【注】

①**下部行功法**：即周天功的實煉法，內丹功用意通，在此要

求行功將近一年，才能行〈下部行功〉之手法和吐納法，這部功十分重要。

②**通貫**：這裏是指任脈和督脈兩脈通貫，即氣循周天運行。

二十二、行功禁忌①

自上部初功起，至此三百餘日，勿多進內（戒房事也），蓋此功以積氣為主，而精神隨之。

初功百日內，全宜忌之，百日功畢後，方可進內一次，以疏通其留澄，多不過二次，切不可三次，向後皆同此意。

至行下部功時，五十日間，疏放一次，以去其舊，令生其新，以後慎加保守。

此精乃作壯之本，萬勿浪用，待功成氣堅，收放在我，順施在人，進內則其道非凡，不可以價值論也。

【注】

①**行功禁忌**：是十二月行功築基的〈行功禁忌〉，惜精保氣。

二十三、下部洗藥方

此行下部功，當用藥水，日日湯洗，不可間斷，蓋取藥力，通氣和血，蒼老皮膚。又且解熱退火，不致他變也。

用法：蛇床子　地骨皮　甘草　各量

用煎湯洗，温後熱，緩緩湯之。

日一、二次，以為常則。

二十四、用戰①

精氣與神，煉至堅固，用立根基，希仙作仙，能勇精進也。

設人緣未了，用之臨敵，對疊寸其切要處，在於意有所寄，氣不名馳，則精自不狂，守而不走。

設欲嗣，則按時審候，應機而射，一發中的，無不孕者。

設欲塵戰，則閉氣②存神，按隊行兵，自能無敵。

若於下煉之時，加吞劍吹吸等功，相間行熟，則為泥水採補，最上神鋒也。

【注】

①用戰：即房中術，煉功後精滿氣足，應惜精養氣，腎虛陽痿者，可參照此法。

②**閉氣**：內丹術術語，煉功入靜後氣息極其微弱，口鼻氣息
出入若有若無，內丹術中稱為閉氣。

二十五、內壯神勇①

壯有內外，前雖言分量，尚未究竟，此用明之，自行
脇肋，打揉之功，氣入骨分，令至任、督二脈，氣充遍
滿，前後交接矣。

尚未見力，何以言勇？蓋以氣未到手也，法用石袋，
照前打之。

先用右肩以次，打下至於右手中指之背；又從肩背
後，打至大指、食指之背；又從肩前，打至無名指、小指
之背；後從肩裏，打至掌內大指、食指之梢；又從肩外，
打至掌內中指、無名指、小指之梢。打畢用手，處處搓
揉，令其勻和。

日限六香，分行三次，時常湯洗，以疏氣血。

功畢百日，其氣始透，乃行左手，仍准前法，功亦百
日。

至此則從骨中，生出神力，久久如功，其背、腕、
指、掌、迥異尋常，以意努之，硬如鐵石。並其指，可慣
牛腹；則其掌，可斷牛頭。然此皆小用之末技也。

【注】

①**內壯神勇**：〈內壯神勇〉開篇講「周天功」，後面屬「排
打功」。

二十六、煉手餘功

行功之後，餘力煉手。

其法：常以熱水，頻頻湯洗，初溫，次熱，最後大熱。自掌至腕，皆令周遍，湯畢，不用拭乾，即趁熱，擺撒其掌，以至自乾，擺撒之際，以意努氣，全於之尖，是生力之法。

又：以黑、綠二豆，拌置斗中。

以手插豆，不計其數。

一取湯洗，和其血氣；一取二豆，能上火毒，一取磨礪，堅其皮膚，如此功久，則所積之氣，行至於手，而力充矣。

其皮膚、筋膜兩堅，著骨不軟不硬，如不用之時，與常人無異，用時注意一努，堅如鐵石，以之禦物，莫能當此。蓋此力自骨中生出，與世俗所謂外壯，迥不相同。

內外之分，看筋可辨，內壯者，其筋條長，其皮細膩，而其力極重。若外壯者，其皮粗老，其掌與腕處之筋，盡皆盤結，壯如蚯蚓，浮於皮外，而其力雖多，終無基本，此內外之辨也。

二十七、外壯神力八段錦[1]

內壯既得，骨力堅凝，然後可以引達於外，蓋以其內有根基。

由中達外，方為有本之學，煉外之功，記此「八法」，曰：提、舉、推、拉、揪、按、抓、盈。依此八法，努力行之，各行一遍，周而復始，不計其數。

亦准六香，日行三次，久久成功，力充周身。

用時照法，取力無不回應，駭人聽聞。古所謂，手托城閘，力能舉鼎，俱非異事。

其「八法」，若逐字單行，以次相及，更為精專，任從其便。

【注】

①神力八段錦：即：提、舉、推、拉、揪、按、抓、盈，八法。

二十八、神勇餘功①

內外兩全，方稱神勇，其功既成，以後常宜演煉，勿輕放逸。

一擇，園木諸樹。大而且茂者，是得木土旺相之氣，與眾殊也。

有暇之時，即至樹下，任意行功，或槌、或抗、或推、拉、踢、拔，諸般作勢，任意為之，蓋取得具生氣，以生我力，而又取暇，以成功也。

一擇，山野挺立大石。秀潤完好，殊眾也。

時就其旁，亦行推、按，種種字法，時常演之。蓋木石得天地之鍾英，我能取之，良有大用。稽古大舜，與木

石居，非慢然也。

【注】

①**神勇餘功**：借自然界之大樹、大石之生氣和靈氣煉拳腳功
夫。

二十九、賈力運力勢法①

其法：用意蓄氣，周身處處。

初立運之，立必捉直，徹頂踵，無懈骨，捲肱掌，指
稍屈，兩足齊踵，相去數寸，立定；兩手從上，如按物難
下狀，凡至地，轉腕從下，拄物難上，過其頂，兩手則又
攀物難下，而至肩際，轉腕掌向外，微拳之，則捲肱。

立如初，乃捲兩肱開，向後者三；欲令氣，不匿膺間
也；卻舒右肱攔之，欲右者，以左逮于左之，爪相向矣。

如將及之，則左手撐而極，左右手拉而卻，右左射引
滿，引滿右肱，捲如初矣。

則舒左肱，攔右手，撐左手，扯且滿。以右法，左右
互者，各三之。

則捲兩肱，立如初，左手下附，左外踝，踝掌競勁，
相切也。

則以右手推物，使左傾，傾矣，顧曳之。使右倚肩
際，如是者三之。則右手以下，以左法，左推曳之。以右
邊者三之。

則捲兩肱，立如初，平股掇重者，舉勢極，則撥蓋至

乳旁而攀矣。

握固②腹則左右間（見下圖），不附腹也，高下視臍
之；輪則劈右拳，據右肩旁一強物，至左足外踵，轉腕托
上，托盡而肱；且右則扳而下，至右肩際拳之；右拳據右
腰眼，左右互者，各三之。

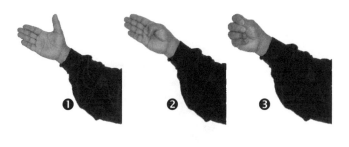

握固法

壯內以助其外

徐張後，兩拳而前交，又指上舉，勢極則轉腕；舉
者，掌下十指端上也。

扳者，掌上十指端下也。又掌上拱手，項具筐腋下，
皆為舉扳焉。就其勢而左幾，左足外地，以前勢起，倒而
左右互者，各三之。

凡人倒左者，左膝微詘也；倒右者，右膝微詘也；不
詘者，法也。

乃取鹽湯，壯溫者，濯右手背，指濡之，下直右肱橫
揮之；而燥則濯左，左揮右燥，復左右互者，各三之，揮
且數十矣。

自足兩肱，不復捲矣。乃蹬右足，數十次，乃其期

蹬，以其踵，則抵之頸，以其趾或絆之也。

則屹立，斂足舉前踵，頓地數十已，而兩足蹲立，相去以尺，乃揮右拳前擊，數十左之；乃仰臥，復捲肱，如立時然，作振脊欲起者，數十而功竣焉。

凡用勢，左右必以其脊，但凡擔氣，必迄其功，凡工日二、三，必微飲後，及食後一時行之；行之時，則以拳遍自捶，勿使氣有所不行，時擔五指，頭搗戶壁（見下圖）。

頭搗壁戶

凡按久而作木石聲，為作屈肘前上之，屈拳前上之，臥必側面，上手拳而杵席作臥（見下圖），因其左右，其拳指握固。

杵席作臥

此功昉自釋門[③]以禪定為主，將欲行持，先須閉目，冥心握固（見下圖），神思屏去紛擾，澄心調息，至神氣凝定，然後依次如式行之，必以神貫意注，毋得徒具其形。若心君妄動，神散意馳，便為徒勞其形而獲實效。

初煉式，必心力兼到，靜式默數三十，數日漸加，增至百數為止，日行三次，百二十日功成，氣力能凝且堅，則可日行一次，務至意念不與乃成。

易筋以堅其體

冥心握固

【注】

①貫力運力勢法：本篇介紹了動功、靜功和湯洗方法等。

②握固：握固法即屈拇指，握四指握拳牢固，《老子》曰：
骨弱筋柔而握固。

③釋門：亦稱佛門，是弘揚釋迦牟尼的學說思想的。

三十、《易筋經》十二勢圖勢

(一) 韋馱獻杵第一勢

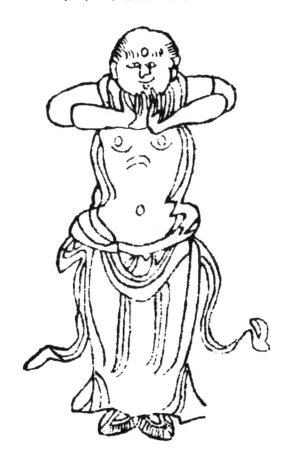

壯內以助其外

（二）韋馱獻杵第一

易筋以堅其體

定心息氣，身體立定，兩手如拱，心存靜極。

（三）韋馱獻杵第二勢

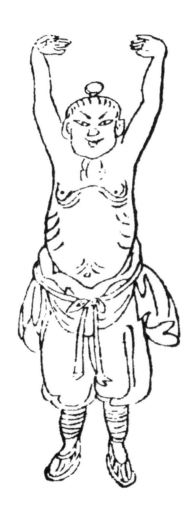

壯內以助其外

（四）摘星換斗勢

易筋以堅其體

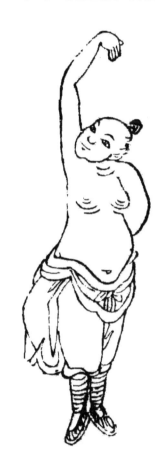

　　單手高舉，掌須下覆，目注兩掌，吸氣不呼，鼻息調勻，用力收回，左右同之。

（五）出爪亮翅勢

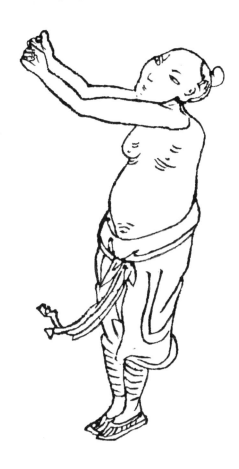

壯內以助其外

掌向上分，足指拄地，兩肋用力，併腳立膀，鼻息調勻，目觀天門，牙咬、舌抵上齶十指用力，腿直，兩拳收回，如挾物然。

（六）倒拽九牛尾勢

易
筋
以
堅
其
體

　　小腹運氣，空鬆前跪，後腿伸直，二目觀拳，兩膀用力。

（七）九鬼拔馬刀勢

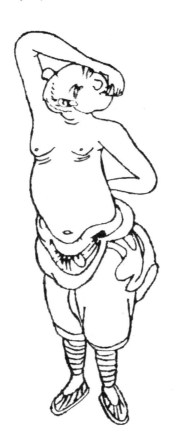

壯內以助其外

單膀用力，夾抱頸項，自頭收回，鼻息調勻，兩膝立直，左右同之。

（八）三盤落地勢

易筋以堅其體

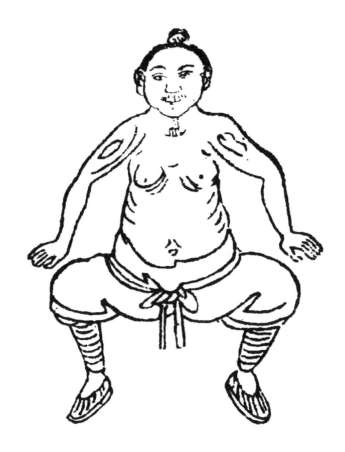

　　目注牙呲，舌抵上齶，睛瞪口裂，兩腿分跪，兩手用力抓地，反掌托起，如托紫金，兩腿收直。

（九）青龍探爪勢

壯內以助其外

肩背用力，平掌探出，至地圍收，兩目注平。

（十）臥虎撲食勢

易筋以堅其體

　　膀背十指用力，兩足蹲開，前跪後直，十指拄地，腰平頭仰，胸向前探，鼻息調勻，左右同之。

（十一）打躬勢

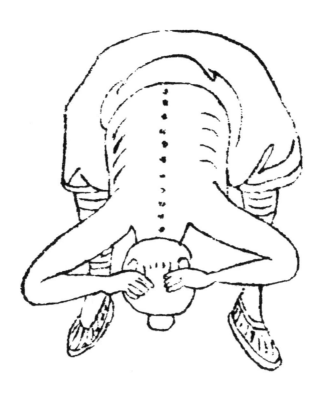

　　兩肘用力，夾抱後腦，頭前用力探出，牙咬、舌抵上
齶，躬身低頭至腿，兩耳掩緊，鼻息調勻。

（十二）掉尾勢

易筋以堅其體

膝直膀伸，躬鞠，兩手交，推至地，頭昂目注，鼻息調勻，徐徐收入，腳後跟頓地，二十一次。

左右膀伸七次，盤膝靜坐，口心相注，閉目調息，定靜後起。

三十一、十八煉錄

搓膀腕法[1]：行功畢，先伸左膀，用人以兩手，合擎虎口，用力搓之，由漸而增，如初搓以十數把，漸加至百把為度。右亦如之，務使兩膀發熱透骨。

【注】

①**搓膀腕法**：國術內功有多種搓膀腕法，但這是內外一體的煉法，功成後不易化，實屬上乘。

三十二、推煉手足

初煉量力，縫做夾布口袋一個，裝米砂五、六十斤，懸掛架上。

用功畢，常用掌推、拳擊、足踢、腳蹬，務至動搖，仍用拳腳打迎送，日久漸加砂袋斤重。

壯內以助其外

三十三、煉指法

　　量自力之大小，撿圓淨一、二斤重石子一筐，用五指抓拿，撒手擲下，不令落地，仍用手指趕抓。如是擲抓，初唯十數次，日久漸加次數，暨石子斤數，則五指自覺有力矣。

　　又法：每於坐時，不拘時刻，以左右五指著座（見下圖），微久身軀，指自出力，無論群居獨坐，皆可行之，日久自能見效。

五指著座

達摩易筋經

● 來章氏輯 附錄

經絡圖

一、玉環穴說

　　《天錄識餘》云，《銅人針灸圖》載：臟腑一身，俞穴有玉環。余不知「玉環」是何物。

　　張紫陽[①]《玉清金華密文神仙結丹處》曰：「心下腎上，脾左肝右，生門在前，密戶居後，其連如環，其白如錦，方圓徑寸，密裹一身之精粹，此即玉環。」

　　醫者，論諸種骨蒸，有玉房[②]蒸，亦是「玉環」，其處正與臍相對，人之命脈根蒂也。

　　言鯖云：一氣之運行，出入於身中，一時，凡一千一百四十五息[③]，一晝夜，計一萬三千七百四十息。至人之息以踵[④]，存於至深默之中。氣行無間，綿綿若存，寂然不動，與道同體。若盛氣哭號，揚聲吟誦，吹笛長歌，多言傷氣，皆非養生之道。

【注】

①張紫陽：（984-1082）北宋道士，名伯端，字平叔、用成，號紫陽，人稱「紫陽真人」通天文、地理、醫卜等，著《玉清金笥青華密文金寶內煉丹法·丹訣》、《悟真篇》等，收入《道藏》。

②玉房：內丹術術語，謂精房，實指丹田。《養生書》曰：「精藏於玉房，交接太數，則失精。」醫者謂，玉房蒸。

③息：內丹術術語，一呼一吸為息。調息法是養生術的入門功夫。

④踵：內丹術術語，即踵息，是指經過長期煉習吐納後所掌

握深長呼吸，呼吸之氣直達足踵。《莊子》注曰：「起息於踵。」

二、附錄 經驗藥方 四則

（1）打虎狀元丹

人參	一兩	鹿茸	一對
朱砂	四兩	附子	三兩
遠志	八兩	牛膝	四兩
木瓜	四兩	白蒺藜	四兩
肉蓯蓉	四兩	八戟	四兩
川烏	四兩	白茯苓	四兩
杜仲	四兩	麥冬	四兩
棗仁	四兩	天冬	四兩
砂仁	四兩	蛇床子	四兩
木香	二兩		

其為細末，煉蜜為丸，每服一錢或黃酒或鹽湯下。

（2）又方：

朱砂	當歸	各一兩	白蒺藜	四兩
陳皮		四兩	甘草	三錢

壯內以助其外

人參	五錢	肉桂	五錢
白朮（炒）	一兩		
良薑	四錢（滾水泡去皮　夏用一錢）		
大附子	一錢	連翹	二錢
遂仁	少許		

（夏加）茯苓　　二錢

（上行加）川芎　一錢

（中行加）杜仲　一錢

（手行加）肉桂　一錢

（腿行加）牛膝　一錢

（夏加）　紫蘇　五錢　　　（冬加）　一錢

共為細末，煉蜜為丸，白水下

（3）大力丸

上蒺藜（炒）	半斤	枸杞	四兩
全當歸（酒炒）	四兩	續斷	四兩
牛膝　　（酒炒）	四兩	兔絲餅	四兩
補骨脂（鹽水炒）	四兩	魚膠	四兩
虎頭（酥灸要前腿骨）	四兩	螃蟹（炒黃）	半斤

右藥[①]共為細末，煉蜜為丸，每服三錢，清晨黃酒下

（4）洗手仙方

川烏	草烏	南星	蛇床	各半兩	
半夏	百部	花椒	狼毒	透骨草	藜蘆
龍骨	海牙	地丁	紫花	地骨皮	各一兩
清鹽	四兩	硫磺	（一塊）	二兩	

醋 五碗，水五碗（煎）至七碗，

每日湯洗，止用三料全效。

　　歷見「壯筋骨藥方」，率皆欲速見效，妄投猛烈藥物，雖氣力遽見增長而致殘。

　　生者頗多，是以余抄集〈經驗方〉，內擇其屢經屢驗，藥性平溫，不致決烈者，錄之，以為用功之，一助云爾。

壯內以助其外

【注】

①**右藥**：古本原為豎版，藥處方在右側，故稱為右藥。

三、任、督二脈圖

下面介紹的〈任、督兩脈圖〉和〈十二經脈圖〉均選用針灸學之圖譜，捨去了原著中的手繪〈任、督兩脈圖〉，〈經脈〉原著只有文字，現增加圖譜。

任脈者，起於中極之下，以上毛際，循腹裏，上關元，至咽喉，屬陰。脈之海也。

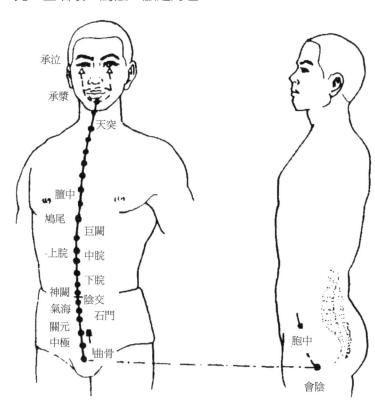

任脈圖

督脈者，起於下極之腧，併於脊裏，上至風府，入腦上巔，循額至鼻柱，屬陽。脈之海也。

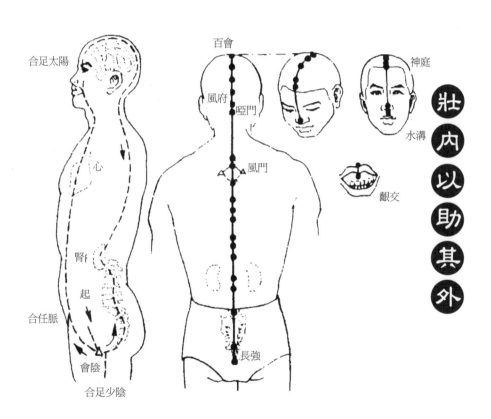

督脈圖

四、十二經脈圖

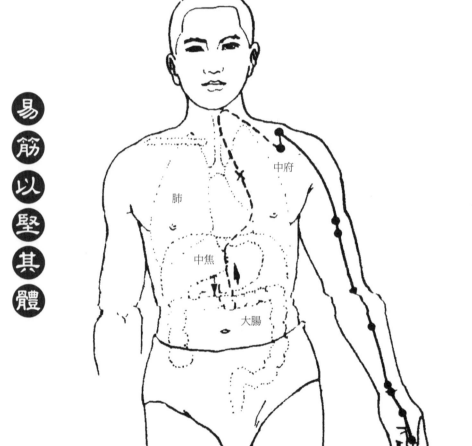

易筋以堅其體

手太陰肺經圖

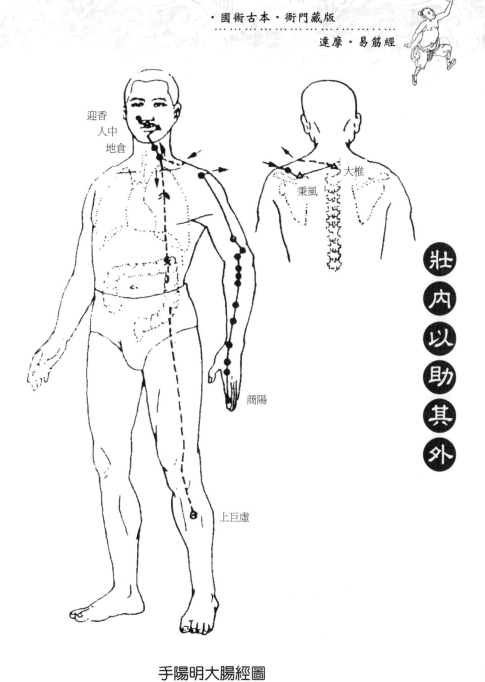

迎香
人中
地倉

大椎
秉風

商陽

上巨虛

壯
內
以
助
其
外

手陽明大腸經圖

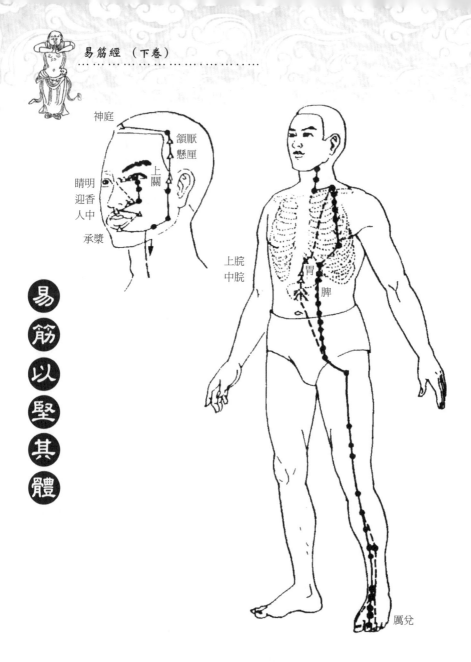

神庭
頷厭
懸厘
上關
睛明
迎香
人中
承漿
上脘
中脘
胃
脾
厲兌

足陽明胃經圖

易筋以堅其體

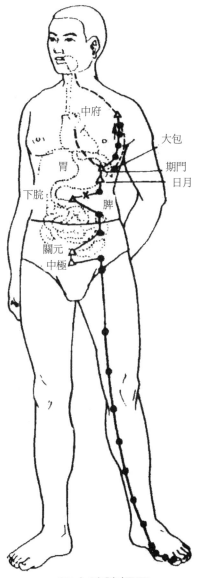

中府

大包

期門
日月

胃

下脘

脾

關元
中極

壯
內
以
助
其
外

足太陰脾經圖

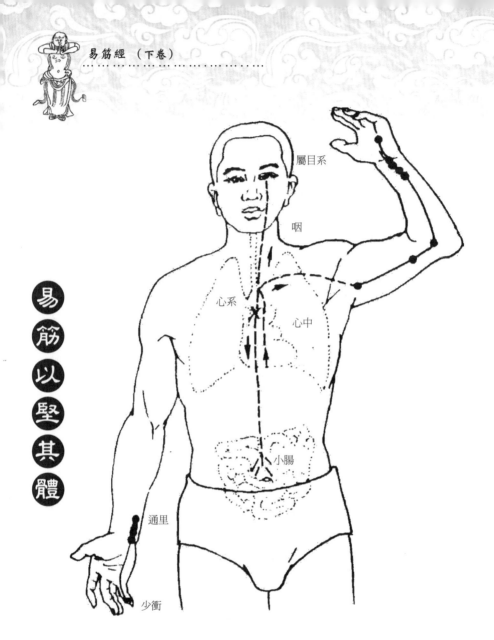

屬目系

咽

心系

心中

易
筋
以
堅
其
體

小腸

通里

少衝

手少陰心經圖

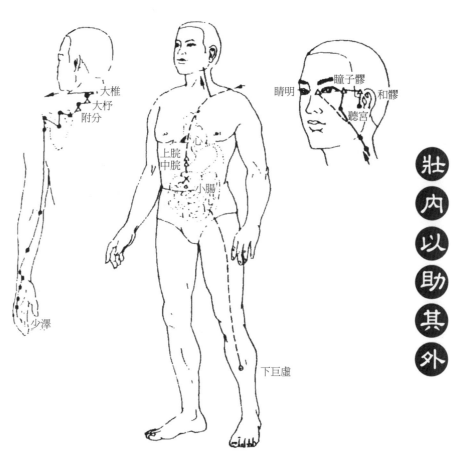

手太陽小腸經圖

壯內以助其外

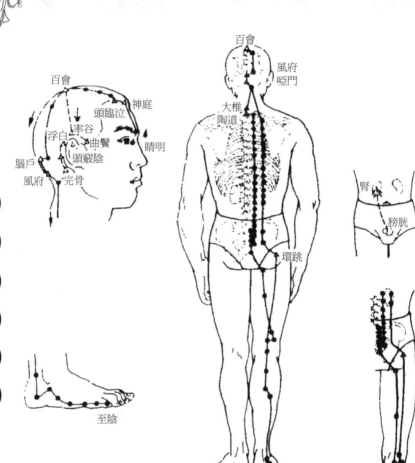

易筋以堅其體

足太陽膀胱經圖

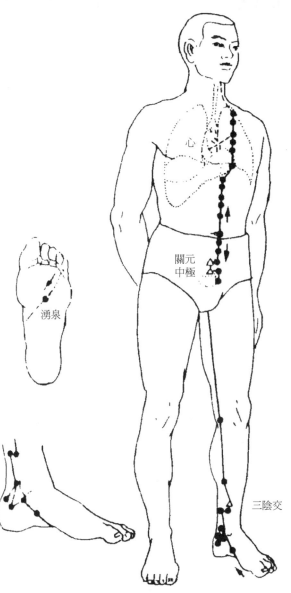

心

關元
中極

湧泉

三陰交

足少陰腎經圖

腎

膀胱

長強

壯
內
以
助
其
外

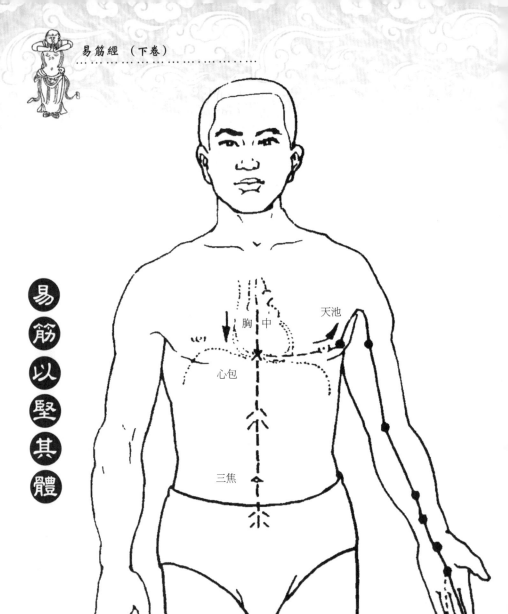

易
筋
以
堅
其
體

天池

胸中

心包

三焦

中衝

手厥陰心包經圖

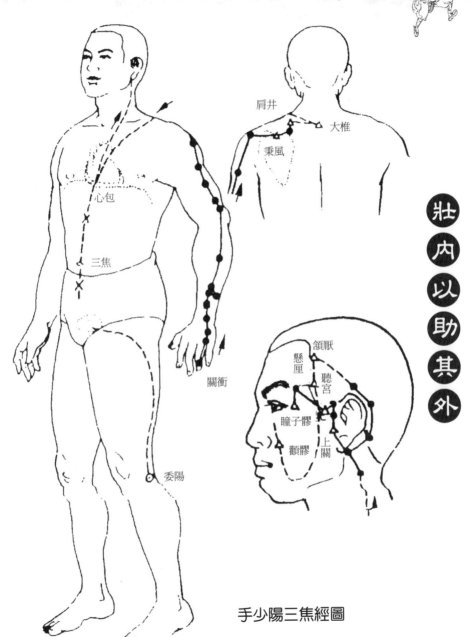

肩井

大椎

秉風

心包

三焦

壯內以助其外

關衝

頷厭

懸厘

聽宮

瞳子髎

顴髎

上關

委陽

手少陽三焦經圖

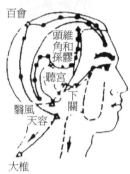

百會
頭維
角和
孫膠
聽宮
下關
翳風
天容
大椎

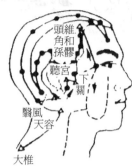

頭維
角和
孫膠
聽宮
下關
翳風
天容
大椎

易
筋
以
堅
其
體

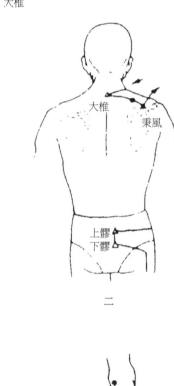

大椎
秉風
上膠
下膠

二

三

天池
肝
膽
章門

一

足少陽膽經圖

大敦

一

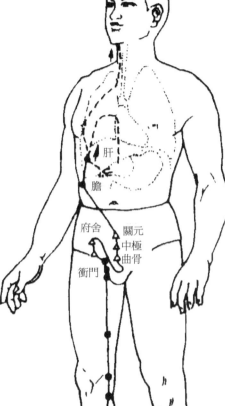

肝

膽

府舍

關元
中極
曲骨

衝門

壯內以助其外

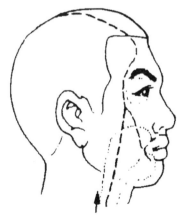

三

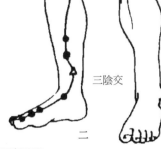

三陰交

二

足厥陰肝經圖

79

五、氣血說

休寧汪氏[1]曰：「人身之所，恃以生者，此氣耳，源出中焦，總統於肺，外護於表，內行千里，周通一身，頃刻無間，出入升降，晝夜有常，曷嘗病於人哉？及至開情交致，五傑妄發，乖戾失常，清者，化而為濁，行者，陰而不通，表失護衛而不和，裏失營運而費順。氣本屬陽，反勝為火矣。」

人身之中，氣為衛，血衛營。經曰：「營者，水穀之精也，調和五臟，灑陳於腑，乃能入於脈也。生化於脾，總統於心，藏受於肝，宣佈於肺，施泄於腎，灌溉一身。目得之而能視，耳得之而能聽，手得之而能攝，足得之能步，臟得之能液，腑得之能氣，出入升降，濡潤宣通，靡不由此也。

飲食日滋，故能陽生陰長。取汁變化，而赤為血也，注之於脈，充則實，少則澀。生旺則六經恃此長養，衰竭則百脈由此空虛。血盛則形盛，血弱則形衰。血者，難成而易虧，可不謹養乎？」

【注】

①**汪氏**：汪昂，字紉庵，安徽休寧人，清代醫藥學家，著《醫方集解》所附《勿藥元詮》記載較多養生內容。

　　說明：以上順序均採用原版之排列，唯捨去〈骨數〉一章節，因現代生理解剖學更加明確。

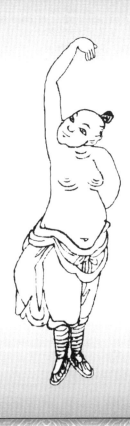

達摩易筋經

● 傳承與心得

動作圖譜 嚴蔚冰 演練

功法理論 嚴蔚冰 編着

易筋以堅其體

菩提本無樹明鏡亦非臺本來無
一物竹處惹塵埃

淨蔚居士雅覽九十一年十月世旦錦仁

達摩面壁圖

82

序 一

　　最近在湖北發現成書於西元前186年的導引養生巨著《引書》,其導引養生的內容令人歎為觀止。正所謂「導氣令和,引體令柔」,據此可說,早在紀元前中華導引養生學成就已經相當輝煌了。

　　導引養生作為歷史最悠久的人類文明遺產之一,其經歷了數千年來億萬人不斷實踐、積累和體悟,是對人類生命的深刻認識和眾多祛病延年經驗的總結。《達摩·易筋經》作為古代養生經典堪稱此中翹楚。

　　嚴蔚冰先生編撰的古本《達摩·易筋經》,我仔細看過。他尊重原著,在封面上只注明作者－達摩和譯者－般剌密諦的名字,既尊重了歷史又保留了時代特徵。而且他借鑒了現代出版物的經驗,在原著的基礎上增加了一張「十二勢分解演練掛圖」和全功演示視頻光碟,並公開了「傳承與心得」,方便習練者學習。

　　嚴蔚冰先生是中華氣功進修學院的首屆畢業生,其人除注重研究導引養生的理法外,還一直在堅持古代養生法的實踐,尤重「煉養結合」,這一點是難能可貴的。他的《達摩·易筋經》十二勢皆依傳承習煉,都講出了各式的功、理、法,所以然。尊古而不泥古,將十二勢的細微之處發揮的淋漓盡致,確是一套有傳承的,值得推薦的上乘功法。

壯內以助其外

林中鵬 於北京 2007-11-29

序 二

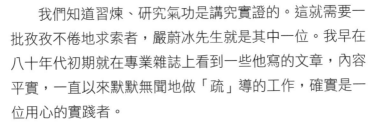

易筋以堅其體

　　導引養生和氣功療法是中國傳統文化的瑰寶，也是中醫藥學的重要組成部分。《中國醫學百科全書》中專立有《氣功學》卷。

　　我們知道習煉、研究氣功是講究實證的。這就需要一批孜孜不倦地求索者，嚴蔚冰先生就是其中一位。我早在八十年代初期就在專業雜誌上看到一些他寫的文章，內容平實，一直以來默默無聞地做「疏」導的工作，確實是一位用心的實踐者。

　　直到前幾年在一次國際醫學氣功會議上才得以謀面，嚴蔚冰先生送我一本「衙門藏版」的《達摩‧易筋經》，我仔細翻閱後發現這是一部兼具古本原貌，精煉實用的好書。一來其具有傳承，二來忠於原著，三來書中配有掛圖和教學光碟，將《易筋經》各勢分解演示，方便了讀者習煉和掌握動作要點。

　　我觀摩了嚴蔚冰先生教學，其動作古樸規範，保持了功法原貌，他的教學法很科學，他是一位低調、務實的傳承實踐者。他在走一條古為今用的探索之路。想必正因為如此，加拿大華商王漢鼎先生（世界醫學氣功學會副主席）會願意出鉅資請嚴蔚冰先生和眾多科學家一同研究「上工工程」。《黃帝內經》云：上工者，不治已病治未病。

　　現在臺灣的大展出版社有限公司已就出版繁體版《達摩‧易筋經》與嚴蔚冰先生達成共識。不日即可面世。這

是一件有助於弘揚中國傳統文化的義舉。嚴蔚冰先生邀我
為新版作序。吾心甚喜，是為序。

張天戈 書於中國北戴河　2007-11-26

序 三

中國禪宗，首推達摩祖師（達摩：華語譯為－法空，不立一法，不捨一法，言事理渾化無邊也）提到達摩，就令人想起「一葦渡長江，九年面絕壁。」這段空前絕後，出神入化的禪修法門。尤其達摩一生少言多行；以二入四行觀傳諸後世（二入即理入、行入，四行即報冤行、隨緣行、無所求行，稱法行。）真正實踐了佛陀禪宗的本意，「不立文字，直指人心」被尊稱為『禪宗始祖』。而如今享譽海內外，有天下武功出少林的嵩山少林寺，也因為達摩祖師遺留下的《易筋，洗髓》二部養生保健功法，而被稱之為『禪宗祖庭』。

提到《易筋經》一向被少林寺奉為禪修最高功法，且不外傳，加上年代相隔久遠，以致傳承略有差訛。就本人所收集到的版本不下十種，經過親身練習體驗之後，僅有三、四種比較符合易筋二字。

顧名思議，易者，交易也，交換也，改變也；筋者，筋骨也；中醫謂：「肝主筋，腎主骨。」易筋乃轉換筋骨者也。所謂弱者轉健，僵者轉順，轉和，筋骨強健，肝氣自和，腎氣自充，易筋經實乃強身健體，最佳功法也。

嚴蔚冰先生，近代武術氣功宗師，先後投拜名師多人，並精研達摩禪，尤其是《易筋經》更深得個中三昧。嚴大師演練時，柔中有剛，剛中有柔，剛柔並濟，非常圓融，我第一次觀賞嚴大師表演時，深受感動，可以感覺到全身

（易筋以堅其體）

充滿了無形的罡氣，後來幾次交談及相處，發現嚴師不僅人品敦厚，木訥寡言，修養極佳。雖然功夫超人紮實，卻謙卑自持，真乃謙謙君子，益加令人敬重。

欣聞嚴師欲將其精修之《易筋經》毫不保留的在台出版，實乃台灣同道之福緣，特此鄭重推薦，並為之序！

楊武財 於台灣台南

中華禪修氣功療法協會　理事長

壯內以助其外

緣 起 ----- 學習國術之因緣

　　習武煉功我沒有家傳，也沒有門戶之見，只是對國術[1]有濃厚的興趣，自幼身體羸弱，記得六歲時自己拿著藥單去醫院打針，但生性好動，打拳、煉功，踢球、游泳、遊戲樣樣不落空，不知不覺身體慢慢強壯起來，還記得當體重達到五十公斤時竟能舉起五十公斤的槓鈴，我意識到體質的增強主要得益於國術，當時的拳師們有一句口頭禪，「煉拳不煉功到老一場空。」但凡煉拳者無論年齡大小、身體強弱都自覺煉功，倒是有些體弱多病者只煉功不打拳，只幾個月功夫他們的氣色就和以前判若兩人。拳師們說：「煉拳是『防身』，煉功能『治身』。」

　　回想起來我學習國術的因緣很殊勝，上海是藏龍臥虎之地，先後拜唐金元[2]、朱鑫祥[3]、盧俊海[4]等為師，學煉南拳、心意六合和秘宗門的套路，三位老師除了有傳承，文化修養也很高，平時看老師煉武是一種享受，跟隨老師學習更是一種享受。煉功是講究實證的，七十年代初我和師弟彭化成從湖北到上海拜訪年過八旬的武術名家謝映齋[5]，謝老要我倆試試他的鐵襠功，一試果真名不虛傳。謝老說，《易筋經》的「下部行功」奧妙無窮，是男人修身的善法。當時覓到一本手抄本《練功秘訣》是金一明[6]先生寫的，如獲至寶。據唐金元老師說，他的傳承來自「岳門」，是宋朝周僮傳下來的，他的老師王胤師從南少林僧人，孤身一人以授徒為業。

修煉功法得益於上海的沈洪訓[7]老師，他很有修養，曾到沈老師家中拜訪，他耐心地為我講解《太極五息功》與中醫學理法如何融會，並贈送油印講義一本，一直珍藏至今。為進一步研究養生學我還親近了謝宗信[8]道長，王光德[9]和郭高一[10]道長，七十年代市體委成立了拳操輔導站，我應邀傳授國術和流行功法，八十年代初和黃順久[11]老師一起發掘整理了《武當深氣深血七星活氣功》。以後上中華氣功進修學院和光明中醫函授學習受益匪淺。又先後親近了王松齡[12]老師、郭林[13]老師、楊梅君[14]老師等。在此過程中看到了大量的人因練功而增強了體質，一九八六年我皈依佛門後，激流勇退，放棄氣功教學回到企業一邊工作一邊學習（武大），與此同時我編著的《實用道家氣功法》卻一而再，再而三地重版，發行量幾萬冊。

　　從一九九三年開始我將國術與自然醫學理論相結合，用於先天性腦癱患者李XX，歷時近三年，如果沒有國術功底三年是沒法度過的，結果也是令人信服的。

　　一九九五年至一九九七年我斷諸因緣，在上海閉關閱讀《大藏經》在關房內每天兩遍《易筋經》和《洗髓經》，神情專注，恭錄了近四十萬字醫方明[15]的內容。出關後呈茗山[16]長老審閱，茗老審閱後説：「這本書內容很好，可給小和尚（指佛學院的學僧）講講。」並題寫了一幅字（見92頁圖）。

　　真慈大和尚[17]看後題寫了書名，以此因緣又拜見國學大師南懷瑾先生，喜得《易筋經》之法要，南懷瑾老師之成就正如偈曰：內外一體現金容。

　　國術之道，精於心，簡於行，方便實用。我曾應用《易筋經》之精髓，用於多種慢性病患者，較為嚴重的帕金森症，肝病等。亦取得令世人矚目的效果，一九九八年至二○○三年所寫《劄記》被譯成日文、英文，在國際會議上交流，世界衛生組織官員看到後來函稱：「這是一種新思維」。

　　中華之國術提出了整體運動的概念，若能適時地調整形體可消除生理障礙，調整意念可消除心理障礙，調整呼吸能提高代謝功能和免疫功能。生命不止，運動不息，此乃國術之精髓，是任何靈丹妙藥和仿生儀器替代不了的。

　　現代醫學證明，人的自身潛力是很大的，自己身體自己「修」，自己的心理自己「調」我們的身體素質一定會提高。

【注】

① **國術**：民國時期將各種傳統民族體育統稱為「國術」，主要涉及引各門各派的拳腳功夫、套路、角力、摔跤、散手、騎術、柔術，增氣力的石鎖、石擔，各種冷兵器、火器，還有練習靈巧和平衡的跳繩、踢鍵子等遊戲。

② **唐金元**：（西元1920—2005）江蘇江陰人，畢業於上海聖約翰大學，一九四八年師從南派猴王王胤，精通南少林拳和西洋拳（拳擊），《羅漢拳》、《易筋經》《岩鷹拳》等。

③ **朱鑫祥**：上海人，著名武術家，師從王胤、董忠義、謝映齋等明師。善《易筋經》、《化功拳》、《猴拳》、《羅漢拳》等。

④**盧俊海**：河北滄州人，中國武術名家盧振鐸之子，曾任上海市武術隊教練，家傳秘宗門，善《秘宗拳》、《青萍劍》等。現在英國開武館。

⑤**謝映齋**：上海四十年代著名拳師，精通《易筋經》、《洗髓經》之鐵襠功。

⑥**金一明**：江蘇揚州人，民國時江蘇省國術館訓育處長，著名拳師，師承滌塵禪師等。精《易筋經》、《洗髓經》，提出強國之道，首在強身。著《練功秘訣》、《中國技擊精華》等。

⑦**沈洪訓**：上海人，中醫師，善《太極五息功》，為當今第一位氣功學博士之導師，現在比利時授徒。

⑧**謝宗信**：原中國道教協會駐會副會長，通醫道。

⑨**王光德**：原武當山全山住持。

⑩**郭高一**：武當山道長，善武當功法，現住持九宮山。

⑪**黃順久**：湖北黃石人，從小習武，擅長內家拳法，現為湖北師範學院教師。

⑫**王松齡**：近代養生學家，曾任北京海淀氣功學院教授，善道家養生法，是近代為數不多的有修證者。

⑬**郭林**：著名畫家，創編《郭林新氣功》。

⑭**楊梅君**：近代氣功家，傳授《大雁氣功》。

⑮**醫方明**：即佛教醫藥學，明即學，佛教有五明：一因明、二內明、三聲明、四工巧明、五醫方明。

⑯**茗山長老**：原中國佛教協會副會長，中國佛學院棲霞分院院長。

⑰**真慈大和尚**：（1928年10月8日—2005年7月4日）江蘇儀征

壯內以助其外

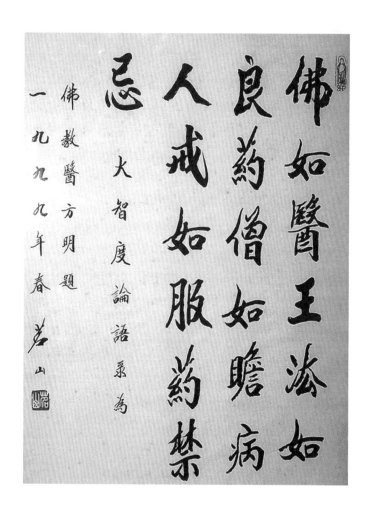

人，原中國佛教協會常務會理事，南京棲霞寺、靈谷寺方丈。

易筋以堅其體

佛如醫王滋如良藥僧如瞻病人戒如服藥禁忌

大智度論語錄為佛教醫方明題

一九九九年春 茗山

茗山長老　題

一、傳承與心得

　　古代文明得以傳承者，即是人類所需要的。《達摩·易筋經》傳到今天，說明儘管現代科技突飛猛進，人類還得借助古代養生智慧來保持身體健康，後人創編的新法都萬變不離其宗，儘管一切都在變化，人的生理不會變，人心向善亦不會變。

　　菩提達摩一葦渡江，又在少林面壁九年。留下了《易筋經》。使《達摩·易筋經》婦孺皆知的功勞要歸功於金庸先生，《達摩·易筋經》的神奇與武俠小說有關，師輩們在傳授《達摩·易筋經》時，是很莊重的，生怕學者輕視，故不會輕傳，這可能使《達摩·易筋經》變得神奇的緣故。愚得師承後一直很慎重，不敢妄傳，恐人謗法。

　　多年來有緣得明師指點，愚也有了一些心得，希望化神奇為現實，經師輩印可，可作傳授，才選用國術古本，衙門藏版《達摩·易筋經》為底本，編撰法本，供同仁參學，下面的文字乃《達摩·易筋經》之傳承與心得，恭請同道雅正。

壯內以助其外

二、嚴蔚冰演練

《達摩・易筋經》十二勢動作圖譜

1. 預備功

易筋以堅其體

兩腳併攏，屈膝下蹲，兩臂挾抱下肢，低頭呈團狀。（圖 1）

圖 1

人體重心前後移動，同時呼氣，兩手按膝蓋，挺直下肢。（圖 2）

圖 2

圖 3

壯內以助其外

　　臀部先起。然後十
指交叉，在胸前翻掌上
舉。(圖3)
　　叉手抱後腦，抬頭
挺胸，同時吸氣。(圖4)

圖 4

兩手鬆開，從體側下落。掌心向下，與肩平。（圖 5-1）

圖 5-1

兩手握拳，繼續下落，依次放鬆肩、肘、腕、手指。（圖 5-2）

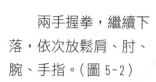

圖 5-2

兩臂垂於體側。（圖 5-3）

要領：

屈伸呼吸，吐故納新，抻筋拔骨。

圖 5-3

2. 韋馱獻杵

(1)第一勢

兩腳平行與肩同寬，兩臂自然下垂，自上而下放鬆，舌抵上齶，雙目平視。(圖 1-1)

壯內以助其外

圖 1-1

兩掌心向前上方慢慢捧起，兩手捧至肩平，合掌收於胸前。(圖 1-2、3)

圖 1-2

易筋以堅其體

圖 1-3

手慢慢向前伸出。（圖 2）

要領：
定心息氣，身體立定，
兩手如拱，心存靜極。

圖 2

兩手慢慢左右打開
與肩平。(圖 3-1、2)

圖 3-1

圖 3-2

壯內以助其外

圖 4-1

易筋以堅其體

圖 4-2

圖 4-3

　　兩手轉掌心向下握拳，兩手臂慢慢依次下落。（圖 4-1、2）

　　兩拳鬆開，呈還原狀。（圖 4-3）

　　重複七次為一組，做二組。

（2）第二勢

兩腳開立，略寬於肩，兩臂
自然下垂，自上而下放鬆，舌抵
上齶，雙目平視。（圖1-1）

兩掌心向前上方慢慢捧
起，至胸前。（圖1-2、3）

圖1-1

圖1-2

壯內以助其外

圖1-3

圖 2-1

圖 2-2

易筋以堅其體

圖 2-3

　　兩手翻掌心向上，慢慢托
起。(圖 2-1)

　　兩膝微屈，兩眼上視，掌心
向上。(圖 2-2)

　　然後兩手左右分開。(圖 2-3)

承上勢兩手分開至與肩平。（圖 3-1）

圖 3-1

壯內以助其外

圖 3-2

兩手握拳，慢慢下落至體側（圖 3-2）。

兩拳鬆開，呈還原狀。（圖 3-3）

重複七次為一組，做二組。

圖 3-3

3. 摘星換斗勢

（1）右勢

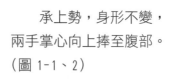
承上勢，身形不變，
兩手掌心向上捧至腹部。
（圖 1-1、2）

圖 1-1

圖 1-2

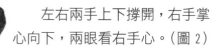

左右兩手上下撐開，右手掌
心向下，兩眼看右手心。（圖 2）

圖 2

壯內以助其外

圖 3

圖 3 後視圖

同時左手掌背貼腰椎向下
探至尾椎掌心向下。（圖 3）

易筋以堅其體

右手翻掌心向上，向外
旋轉呈摘星狀。（圖 4-1、2）

圖 4-1

圖 4-2

同時左手亦外旋握拳。
（圖5）

圖 5

兩手握拳至胸前，交叉
換手。（圖6）

圖 6

（2）左勢

圖 7

同右勢，唯手相反。兩拳移至胸前
變掌。（圖 7）

然後兩手自然下垂，呈還原狀。右
左摘星各七次。（圖 8、9）

圖 8

圖 9

要領：
單手高舉，掌須下覆，目注兩掌，吸
氣不呼，鼻息調勻，用力收回，左右
同之。

4. 出爪亮翅勢

圖 1

圖 2

 壯
 內
 以
 助
 其
 外

　　兩腳併攏，自上而下放鬆，舌
抵上齶，兩臂自然下垂。（圖1）

　　兩手握拳，置於兩肋，肘關節
向後上方，抬頭、挺胸、收腹，人
體重心移至足掌。（圖2）

　　腳跟抬起，同時兩手呈爪狀，
向正前上方探出，兩眼上視。（圖
3、3正視圖）

圖 3

圖 3 正視圖

圖 4

圖 5

易筋以堅其體

兩臂左右分開與肩平。（圖 4）

同時重心移至整個腳掌，兩手握拳。（圖 5）

兩臂從體側慢慢收於兩肋，依次放鬆肩、肘，兩臂垂直時鬆腕。（圖 6、7）

重複七次為一組，做二組。

壯內以助其外

圖 6

要領：

掌向上分，足指挂地，兩肋用力，並腳立膀，鼻息調勻，目觀天門，牙咬、舌抵上齶，十指用力，腿直，兩拳收回，如挾物然。

圖 7

5. 倒拽九牛尾勢

（1）右勢

承上勢，右腳向右跨一大步，兩腳開立，略寬於肩下蹲，呈馬步兩手握拳，置於腰間。（圖1）

兩掌心相對，在小腹部呈擰物狀，右手在下，掌心向上，左手在上，掌心向下。（圖2）

易筋以堅其體

圖1

圖2

圖 3

同時身體右轉成弓步，兩手握拳左右分開，右膝前頂，後腿挺直，右手攢拳成拽牛尾狀。（圖 3、4）

壯內以助其外

圖 4

113

（2）左勢

轉體 180 度呈左勢，和右相同，唯方向相反。（圖5、6、7）

易筋以堅其體

圖5

圖6

還原呈馬步， 然後鬆開
兩拳，兩臂自然下垂。(圖 8)

圖 7

壯內以助其外

要領：
小腹運氣，空鬆前跪，後
腿伸直，二目觀拳，兩膀
用力。

圖 8

6.九鬼拔馬刀勢

（1）右勢

　　兩腳併攏，自上而下放鬆，舌抵上齶，雙目平視，兩臂從體側慢慢抬起。（圖1、2、3）

圖 1

圖 2

圖 3

圖 4

右手臂靠後腦，右手中指
勾嘴角，左掌背貼後心，大拇
指向上，同時向左轉 180 度。
（圖 4、5、6）

壯內以助其外

圖 5

圖 6

圖 5 後視圖

（2）左勢

左勢與右勢相同。唯方向相
反，右左各一次，重複七次後，
呈還原式。（圖7、8、9、10）

圖7

圖8

圖9

圖10

要領：
單膀用力，夾抱頸項，
自頭收回，鼻息調勻，
兩膝立直，左右同之。

7. 三盤落地勢

承上勢，右腳向右跨一大
步，兩腿開立，略寬於肩，自
上而下放鬆，舌抵上齶，雙目
平視，屈膝下蹲成馬步，兩掌
心向前慢慢推出。（圖1、2）

圖1

圖2

壯內以助其外

圖 3

易筋以堅其體

圖 4

圖 5

圖 6

兩手掌心向上慢慢托起與肩平。（圖3、4）

兩手向內收於腋下，虎口相對轉掌心向下。兩掌下按至腰。（圖5、6）

　　轉掌按抓呈握拳狀，起立時兩手
慢慢鬆手，鬆腕。（圖 7、8、9）
　　重複七次為一組，做二組。

圖 7

圖 8

壯內以助其外

要領：
目注牙呲，舌抵上齶，睛瞪
口裂，兩腿分跪，兩手用力
抓地，反掌托起，如托紫
金，兩腿收直。

圖 9

8.青龍探爪勢

（1）右勢

易筋以堅其體

兩腳併攏，自上而下放
鬆，舌抵上齶，雙目平視，兩
手握拳置於腰間。（圖1）

右手呈爪狀向左上方探
出。（圖2）

圖1

圖2

圖 3

圖 4

圖 5

壯內以助其外

　　右手從上垂直下落至於踝外；
掌心向下，身體從左向右轉 180 度；
右手由掌變拳（呈拔草狀）；右拳從
右側上提至腰間。（圖 3、4、5、6）

圖 6

（2）左勢

圖 7

圖 8

易筋以堅其體

青龍探爪左勢同右。（圖 7、8、9、10）

右、左青龍探爪各七次，呈還原式。

要領：
肩背用力，平掌探出，至地圍收，兩目注平。

圖 9

圖 10

9. 臥虎撲食勢

（1）右勢

圖 1

壯內以助其外

圖 2

　　兩腳併攏，自上而下放鬆，雙目
平視。（圖 1）

　　右腳向前跨出一大步。（圖 2）

　　兩手呈虎爪狀，向前撲出。兩手
十指拄地，重心前移至手指和腳趾。

　　抬頭怒目張口，呈臥虎撲食狀，
重心前後移動七次。（圖 3）

圖 3 側視圖

圖 3 正視圖

易筋以堅其體

圖 4

圖 6

圖 5

起身，兩手由爪變拳下收
至腰間。（圖 4、5、6）

（2）左勢

左臥虎撲食同右，向前跨出左腳。（圖7）

呈左臥虎撲食勢，重心前後移動七次。（圖8）

起身同右勢。（圖9、10）

圖7

圖8

壯內以助其外

要領：
膀背十指用力，
兩足蹲開，前跪後直，
十指拄地，腰平頭仰，
胸向前探，鼻息調勻，
左右同之。

圖9

圖10

10. 打躬勢

易
筋
以
堅
其
體

圖 1

承上勢，自上而下放
鬆，舌抵上齶，兩手在小
腹前十指交叉。（圖 1）

圖 2

兩臂上抬於胸前翻掌。（圖 2）

上舉至頭頂抱住後腦。（圖 3）

圖 3

圖 4

圖 5

躬身下探，兩小
臂掩耳。（圖 4、5）

壯內以助其外

圖 6

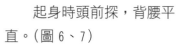

起身時頭前探，背腰平
直。（圖 6、7）

圖 7

 易筋經　（傳承與心得）

兩手從體側放下，與肩平兩手握拳。（圖8、、9）

兩臂下垂時，鬆開兩拳後呈還原式。（圖10）

重複七次為一組，做二組。

易筋以堅其體

圖 8

圖 9

圖 10

要領：
兩肘用力，夾抱後腦，頭前用力探出，牙咬、舌抵上齶，躬身低頭至腿，兩耳掩緊，鼻息調勻。

130

11. 掉尾勢

　　兩腳開立，與肩同寬，自上而下放鬆，舌抵上齶，雙目平視，兩手在小腹前十指交叉。（圖1）

圖 1

壯內以助其外

　　兩臂抬起翻掌心向上，上舉至頭頂。（圖2）

圖 2

兩膝挺直，屈躬彎腰。（圖 3）

圖 3

易筋以堅其體

圖 4

兩手叉掌拄地，重心前移至腳掌，同時抬頭，兩腳跟頓地，重複二十一次。（圖 4、5）

圖 5

起身時兩手分開，從體側下降與肩平握拳，繼續下落，垂於體側時鬆開兩拳。（圖6、7、8、9）

圖6

圖7

要領：
膝直膀伸，躬鞠，兩手交推至地，頭昂目注，鼻息調勻，徐徐收入，腳後跟頓地，二十一次。

圖8

圖9

壯內以助其外

12. 收勢

圖 1

圖 2

承上勢，兩手在胸前左右分開，翻掌。（圖1、2）

左手掌心向下，右手掌心向上，伸膀。（圖3、4）

圖 4

圖 3

要領：
左右伸膀七次。

易筋以堅其體

左右伸膀七次。
（圖 4、5）

圖 4

圖 5

壯內以助其外

兩手在胸前合掌
或兩掌重疊，鬆靜站立
三至五分鐘。（圖 6）

合掌搓手，依次拍
打內關、外關、環跳、
足三里穴。（圖 7）

圖 6

圖 7

靜 坐

如果在室內練，又有充足的時間，可接下來靜坐。

要領：
盤膝靜坐，口心相注，閉目調息，定靜後起。

三、和而不同

中華文明，淵源流長。古之智者、先哲為後世留下了許多寶貴的經驗與方法。我們仔細探尋、研究會發現，這些方法都具有「至精至簡」的共性。

《淮南子·精神訓》中有載：「若吹呴呼吸，吐故納新，熊徑鳥伸，鳧浴猿躍、鴟視虎顧，是養形之人也。」

「熊徑鳥伸」：式熊長壽，仿鳥輕身。即按照熊的姿態緩慢爬行，可得長壽；模仿鳥兒飛翔之姿，可使身體輕靈。

「鳧浴猿躍」：鴨遊戲水，猿猴靈動。 模仿鴨浮在水面戲水，猿猴的靈巧機敏。兩相參照，即所謂：一靜一動、文武之道。

「鴟視虎顧」：鷹視虎顧，凝精煉神。 即模仿雄鷹與猛虎的眼神，收心靜息，凝精聚神。

以上種種，皆係模仿動物的形態進行鍛鍊，闡述之功理，僅用了四個字加以概括，十分精準。若以現代科學歸納則可稱之為「仿生」功法。

練功究其根本在於調息，調息一法貫穿三教（佛、道、儒）。三教之中又以佛教的闡述最為清楚。經云：「人命在呼吸間。一氣不來，即為命終。」而調息法門最為豐富的當數道家，《莊子·刻意》[①]曰：「吹呴呼吸，吐故納新。」是最簡便有效的吐納法，現仍有眾多吐納術留傳於世。而儒教就更直白，孔子曰：不知生，焉知死。三教對調息的闡述雖有不同，但都依循「返璞歸真」之真諦。正所謂「法

無定法」，雖同出一源，各家各派形式上卻各有精專，此可謂和而不同。

　　自古以來，各種功法都以不同的形式流傳於世，除了言傳身教，口口相授外，還以文字、圖形、符號等形式保留並流傳。中國文化的精髓是講傳承的。中華五千年之文明，歷朝歷代，有因緣得明師[2]言傳身教並授以法本者甚少。而由於種種因緣產生的各種手抄本在民間流傳甚廣，後世多以手抄本及民間版本與之互相印證。

　　影響大且具傳承之功法為歷朝官方收錄作為「衙門藏版」[3]並刊行於世。其圖文十分精簡，且留有那個時代的痕跡。

　　由於歷史的緣故，海內外民間流傳的《易筋經》流派和版本甚多，較為完整的版本有四種，前三種「通行本」存世量較大，後一種「衙門藏版」屬官署刻本，下面作一簡要介紹。

　　一、《少林內功秘傳》中所載《二十四勢易筋經》，係蔣覲園（清）得自少林僧，前十二勢為動功，後十二勢為靜功。

　　二、《中外衛生要旨》中記載的《二十二勢全圖易筋經》，由鄭宮應（清）撰，三套共二十二勢，第一套十二勢，第二套和第三套均為五勢，清・宣統年梁士賢做序的版本流傳較廣。

　　三、《增演易筋洗髓內功圖說》中記載的功法原有六卷，後增演而成十八卷。由周述官（清）撰，有重慶印刷公司石印本行世。

四、國術古本《達摩易筋·洗髓經》共分上下卷，注明為「衙門藏版」，由南天竺達摩祖師著，西竺聖僧般剌密諦譯義。

目前主要流行的有以下版本：

一、 中國體育總局推出之健身氣功《易筋經》；

二、 王長青之《易筋經》；

三、 嚴蔚冰依據傳承，整理演練之國術古本「衙門藏版」《達摩·易筋經》；

四、民間流傳的其他手抄本（增演本）。

流傳於民間的各種增演本，有繁也有簡，但其精髓仍在，法無有高下，修煉之人有差別，「法」真所謂，和而不同。

【注】

① 《莊子·刻意》：是最早提出「導引」一詞，《外篇·刻意》曰：「吹噓呼吸，吐故納新，熊經鳥伸，為壽而已矣。此導引之士，養形之人，彭祖壽考者之所好也。」

② 明師：明師不一定是「名師」。明師即明白事理的老師，是用智慧來學習和研究世間的法門。

③ 衙門藏版：又名本衙藏版，古代官署版本，凡官署印刷的版本封內都注明「衙門藏版」。

壯內以助其外

· 返璞歸真

傳統功法的傳授，首先要符合當代人追求時尚的特點。動作簡潔、功效顯著、教材科學完整，靈活性強，闡述精專，便於習煉。

「衙門藏版」《達摩·易筋經》新版（中文簡體、中文繁體），係由嚴蔚冰依照師承整理並演練。在保存古本原貌和精髓的基礎上作了如下整理。

一、選用師傳國術古本「衙門藏版」《達摩·易筋經》，此為古籍善本，流通較少，刊刻精美，文獻價值高，可與「通行本」互作印證，全部選用原版之功法、功理和圖譜，編撰者不作取捨，其中包含歷代收藏者的批註。

二、為方便閱讀，在整理編撰過程中，將古本繁體直版改為簡體橫版和繁體橫版，並為全文斷句，依據現代標點符號應用規範加以標點，又將古本中佛教名相作了匯釋，補齊了「握固圖」、「頭搗戶壁圖」和「十指著座圖」等。同時保留了原有的《達摩·易筋經》十二勢圖勢和圖說（拳經），以求保持古本的原貌。

三、為保持古本原貌，對古本《達摩·易筋經》內容不刪節，不改編。保留了經中的圖說和心法；為方便習煉，將原著中輔助功法和技法都細分新的自然段，並無增減一字。

四、增加了《達摩·易筋經》「十二勢」分解演示，圖中有十二勢的名稱及分解演示圖，便於習煉。將之編為下

卷。

五、增加《達摩·易筋經》「十二勢」教學光碟和演示掛圖。

六、《達摩·易筋經》（下卷）部分，十二經脈圖和任、督二脈圖，選用現代中醫學經穴教學圖譜。

七、《達摩·易筋經》「十二勢」的演練，普遍認為比較精簡古樸。師承遵循由「簡」到「繁」，再由「繁」到「精」的原則。此「精」乃自「繁」出。演練之各勢動作要領，配合吐納以及心法極具功效，可以逐月驗證。

八、《達摩·易筋經》功理部分，原著已闡述的十分明瞭，據驗證其功理，符合現代運動醫學模式。

九、《達摩·易筋經》「十二勢」整套動作，充分體現了「壯內以助其外，易筋以堅其體」的宗旨。

十、《達摩·易筋經》之十二勢，如年老體弱之人，可自審其宜，選擇三勢至五勢習練。只要持之以恆，功效亦妙不可言。

吾推崇精簡之法，並非有意使空疏之學氾濫，乃返璞歸真。實是希望習煉者勿因難、因繁而退，能以適當的方法循序漸進，行之有效，好的功法才得以傳承。使得中國傳統的最高武學得以傳承（師謂：修習以正其身，是為最高武學）。

四、達摩禪師與《易筋經》

菩提達摩（西元？－538年），簡稱達摩（磨），出生於南印度，婆羅門族。據《達摩寶傳》[1]說：「達摩南天竺香枝國王之三太子，不戀王位，出家修道，成就大覺金禪，為西天禪宗第二十八祖。成道後不戀聖境，發願到東土傳立空妙，于南朝宋末航海至廣州，初傳梁武帝，武帝不識妙理，至嵩山面壁九年，神光向達摩求法，達摩不尚文字，口傳心授，付神法與神光，賜名慧可。」《太平御覽》[2]（卷六五八）曰：「菩提達摩者，南天竺人也，梁普通中泛海至於廣州，後過江上嵩山少林寺，達摩傳慧可。」從此達摩在華夏被尊為禪宗初祖，慧可為二祖，開創中國禪宗，唐代宗加諡號「圓覺禪師」。

北魏年間嵩山來了一位相貌奇古的天竺僧人 —— 達摩禪師，他在五乳峰半山腰岩洞中面壁而坐，一坐就是九年，人稱「壁觀[3]婆羅門」，後人為了紀念他，將此岩洞叫「達摩洞」，洞深七尺，闊四尺半，內有一影壁（原影壁已失，現為後人複製）。慧可立雪求法，達摩應允，傳法時發現徒眾易犯昏沉[4]，係筋骨柔弱，為使徒眾修道無障，傳《易筋經》，易筋以堅其體，壯內以助其外。

在後世傳承的國術中被尊為「經」的，只有達摩所傳《易筋經》和《洗髓經》兩部。其餘均稱為「拳訣」、「拳譜」或「捶譜」等。

【注】

① **《達摩寶傳》**：漢口開源印刷局出版，講述菩提達摩西來傳法的因緣。

② **《太平御覽》**：北宋李昉主編，〈道部〉有很多養生法。

③ **壁觀**：達摩禪師所修的一種禪法，壁觀蓋以靜坐中所對牆壁不倚，喻調身、心，以壁觀為安心法門。

④ **昏沉**：佛教名相，謂煉功入靜時，因正念不足或體弱多病而出現低頭、昏沉現象。

・版本的完整性

「衙門藏版」《達摩・易筋經》是目前能看到的國術古本中（包括各種版本的《易筋經》），為數不多的官署古籍善本。

略譯《達摩・易筋經》之經題：易者，即日月陰陽之變化，有改變脫換之意。經云：「易者，乃陰陽之道也。」

筋者，與經通，泛指人體之筋經。經云：「四肢百骸，無處非筋，無經非絡。」

經者，經典也。入道之門徑，有串聯之意。

《達摩易筋・洗髓經》共分上下卷，附圖和附錄，封面注明「衙門藏版」，由南天竺達摩祖師著，西竺聖僧般刺密諦譯義。慧可禪師作序，李靖（唐）作序，牛皋（宋）作序，李靖和牛皋都敘述了得《達摩・易筋經》之因緣。有「宋少保岳鵬舉鑒定」八個字，南洲白衣海岱遊人評正，

來章氏輯錄的附錄等。《達摩‧易筋經》（上卷）十二勢附圖，圖下有煉功圖説（師謂拳經）。書中除了有圖勢、圖説、理法、揉法、藥法、房中、秘法、心法外，還有十二月行功和各種輔助功法等，其完整性是很難得的。還有歷代修煉者的附錄和注釋，極大地豐富這套古老的功法，具有完整性和實用性。

一套完整的功法，尤如一個健全的人，功法是其骨骼，心印是其心腦，技法是其手腳，動作要訣是其經脈，輔助功法是其血液，缺一不可。

《達摩‧易筋經》最初是釋門禪宗，用以自已鍛鍊身體的拳操類功法，整套動作設計合理，具有拳術的特點，動作剛柔相濟，又有體操的特點，伸屈有度，故耐人玩味。十二勢乃改變自身體質之門徑，可貴之處是提出了「易筋」的概念，有〈膜論〉作機理支持，輔助技法完備，針對性強，自身即可依「經」驗證，因此《達摩‧易筋經》並非隨意創編的粗合之相，它統攝上、中、下不同根器的眾生，千百年來也凝聚著歷代實踐者的智慧，使之更加完備，造福人類，功德無量。故被後世譽為禪功之源。

易筋以堅其體

‧關於《達摩‧易筋經》中的 道家養生法

　　《達摩‧易筋經》傳承千百年來也凝聚了高賢的智慧，佛道兩家在「修身」方法上是相通的，經中之「秘法」的出典，拙作《實用道家氣功法》作專門講解。在這裏我想借用國術大師金一明《練功秘訣》中的一段「結束語」來說明。

　　《練功秘訣》曰：「歷代史書，尚多稽考，達摩禪師，面壁九年，聞階前蟻如雷鳴，因而悟道。張三豐以武當丹士，出沒無常，世知不死。於國術未興以前，世人僅知達摩為釋家禪宗祖師，而不知達摩為少林派之開山始祖也。三豐始學技於少林，煉技已成，世人始尊之為武當派始祖。世人僅知三豐為道家煉丹之羽士，而不知其為少林之門下也。豈非煉功通於禪功，禪功通於道功，道功通於禪功之理。」也算解開一個心結吧。

　　愚習煉《達摩‧易筋經》心無掛礙，自知無力作考證，只有借現存之法本來互相印證，金一明《練功秘訣》是主要印證之法本，從文字裏可以認定其亦用衙門藏版《達摩‧易筋經》，最重要他注重實修，乃吾輩之楷模。

壯內以助其外

五、筋和則康

　　易筋以堅其體，易筋，易先天、後天變易之筋經，使之和順，「筋和則康」，這個「和」字用得很好，心平氣和，守中用和，都離不開和。

　　所謂陰陽不調和或四大[1]不和，身心就會有障礙，《達摩・易筋經》十二勢之功效，是將引起四大不和的筋經調到和順，《達摩・易筋經》曰：「以預其氣，使氣清而平，平而和，和而暢。」使之四大和合順暢。

　　《達摩・易筋經》曰：「易筋者，謂人身之筋骨，由胎稟而受之，有筋馳者、筋攣者、筋靡者、筋弱者、筋縮者、筋壯者、筋舒者、筋勁者、筋和者，種種不一，悉由胎稟。如筋馳則病、筋攣則瘦、筋靡則痿、筋弱則懈、筋縮則亡、筋壯則強、筋舒則長、筋勁則剛、筋和則康。」 道理很簡單，筋經不和順就會生種種病，若設法將筋經調和，並能長期保持，即能長期享受健康。

【注】

①四大：佛教術語。即地大、水大、火大。風大。古印度醫學認為，人身是由四大和合而成，凡人體顯堅硬相的屬地大，流動相的屬水大，暖熱相的屬火大，動搖相的屬風大。

六、《達摩●易筋經》之膜論

凡是完整的功法，必有相應的功理，《達摩·易筋經》獨到的功理使人耳目一新，明明白白煉功，不是那種「功到自然成」糊塗煉功。

《達摩·易筋經》開篇之後，即是〈膜論〉，言簡意賅的功理，說明煉功先明理，使學煉者知其然，又知其所以然。

般剌密諦譯師根據東土人的知見，說明了「膜」的生理，關於這一點，在那個年代是很不容易做到的，般剌密諦曰：「此篇言易筋，以煉膜為先，煉膜以煉氣為主，然此膜人多不識，不可為脂膜之膜，乃筋膜之膜也。脂膜腔中物也，筋膜骨外物也，筋則聯絡肢骸。膜則包貼骸骨，筋與膜較，膜軟於筋，肉於膜較，膜勁於肉。膜居肉內，骨之外，包骨襯肉之物也。其狀若此，行此功者，必使氣串於膜間，護其骨，壯其筋，合為一體，乃曰全功。」

《達摩·易筋經》十二勢，動作由輕緩、柔和轉向屈伸、擰轉、俯仰，每式目的性明確，各式既獨立又互相關聯，整套拳操屬於大煉形，由人體骨骼、韌帶、肌腱的定向重複牽抻，使全身各部都依次參加了「抻筋拔骨」，從而感受到大煉「筋骨」的運動，由於骨骼的牽抻作用，骨膜得到刺激，骨的營養結構得到改善，體內的精氣得以生存。

壯內以助其外

《達摩‧易筋經》曰:「以預其氣,使氣清而平,平而和,和而暢,達能行於筋,串於膜,以至通身靈動,無處不行,無處不到。氣至則膜起,氣行則膜張,能起能張,則膜與筋,齊堅齊固矣。」

現代生理學認為,人體每一塊骨的表面,除關節面包有一層軟骨外,其餘部分都包有一層結締組織「膜」,叫骨膜。骨膜最內層的細胞,有造骨的機能,對幼年時骨的生長以及骨折後再生起重要作用。骨膜內還有豐富的血管和神經,對骨質有營養作用。因此,在骨折處理時,要注意保護骨膜。

這足以說明骨膜生理功能的重要,煉功後可提高骨骼的抗折功能,尤其對青少年的生長發育有利,同時可糾正體形,對肢體動作協調性有幫助。

關於骨骼,《達摩‧易筋經》(下卷)專立〈骨數〉一章,可見古人重視骨骼生理。《達摩‧易筋經》曰:「所以有形之身,必得無形之氣,相倚而不相違,乃成不壞之體。設相違而不相倚,則有形者,而化無形矣。是故煉筋,必須煉膜,煉膜必須煉氣。」這就是《達摩‧易筋經》功理〈膜論〉獨特之處。

七、《達摩●易筋經》 之心印

達摩禪師慈悲，將內家不傳之秘全部寫在紙上，沒有一點故弄玄虛的內容，讓修煉者自己去驗證，門內稱為有法可依。上篇〈膜論〉講了運動與生理的關係。〈內壯論〉是講身心的關係和方法，此篇至關重要，達摩禪師在此傳了「心印」。什麼是「心印」？如果將一套完整的功法比作一個人，那麼「心印」就是心腦。

般刺密諦曰：「此篇乃達摩佛祖心印，先基真法，在『守中』一句，其用在於其眼光七句，若能如法行之，則雖愚則明，雖柔必強，極樂世界可立面登矣。」

守中，何為中？中在那裏？怎麼守？守什麼？既然說到「心印」，心印又如此重要，問些問題亦屬正常。「守中」一詞出自道家，《老子》曰：「多言數窮，不如守中。」 老子很直白的指出，就是將所有的方法都數窮盡了，還不如守中。《性命圭旨》曰：「老子所謂『守中』者，守此本體之中也。」守中即是守自己，這也很好理解。

中在那裏？《易筋經‧內壯論》曰：「胸腹之間，即名曰『中』，惟此『中』乃存氣之地，應須守之。」又曰：「臍之上，心之下。」胸之中乃膻中，氣之會。解剖學乃胸腺所在。腹之中脾胃，後天之本，水穀生化之處。胸腹間謂「中道」，胸腹部謂「中宮」。

壯內以助其外

・守中用和

　　怎麼守？訣曰：守中用「和」。使氣清而平，平而和，和而暢，筋和則康。《易筋經・內壯論》曰：「守之之法，在乎含其眼光，凝其耳韻，勻其鼻息，緘其口氣，逸其身勞，鎮其意馳，四肢不動，一念冥心，先存想其中道，後絕其諸妄念，漸至如一不動，是名曰『守』。」

　　守什麼？《易筋經・內壯論》曰：「守中者，專於積『氣』也。」

　　又曰：「認斯真法，務培其元氣，守其中氣，保其正氣，護其肝氣，理其脾氣，升其清氣，降其濁氣，閉其邪惡不正之氣，勿傷於氣，勿逆於氣，勿憂思悲怒，以預其氣，使氣清而平，平而和，和而暢。」

　　守中是《達摩・易筋經》三要素（調身、調息、調心）之首要，屈伸呼吸，抻筋拔骨，是調身、調息，守中用和是調心。守中用和，在煉功過程中貫串始終，不離不棄，此乃「心印」，《樂育堂語錄》曰：「守中一步，雖屬入道初基，其實徹始徹終，皆離不開這『守中』二字。」

八、《達摩●易筋經》之揉法

　　《達摩·易筋經》作為一套古老的功法流傳至今，經過歷代養生學家的傳承，已經成為一套實用性很高的養生功法，然而人們通常習煉《易筋經》只注重十二個招勢，很少去關注一些相關的技法。這就使得《易筋經》未能將其全貌展現。

　　「揉法」是《易筋經》的一個重要組成部分。揉法具有消病痛、助功夫的作用。〈揉法〉在《達摩·易筋經》中卻被獨立一法，貫串了幾個重要章節，在〈十二月行功〉、〈內壯論〉、〈服藥法〉等重要章節中多次提到揉法的應用。是值得我們好好研究和推廣的。

　　眾所周知，《易筋經》十二勢作為中醫學、運動醫學的必修課，早期編入高校教材的，作為按摩、骨傷科的基本功，煉功是為了增強臂力、腕力和指力。但學煉者卻不知還有「揉法」可以助功力，增療效。「揉法」是古老的推拿手法之一。揉者，順也、服也，謂矯而正之。

・易筋與揉法

　　《易筋經·揉法》曰：「夫揉之為用，意在磨礪其筋骨

也，磨礪者，即揉之謂也。」這是〈揉法〉章的開宗明義之說，後面凡在重要的章節都提到用揉法。

《易筋經‧內壯論》說：「一曰，守此中道。守中者專於積氣也，……其下手之要，妙於在揉。二曰，勿他想。揉而不積又虛其揉矣，有何益哉？三曰，持具充用。凡揉與守，所以積氣。」

易筋內壯的功夫，此三要素最為要緊，守中是「心印」。用揉法時懼怕心外馳，著意守中「勿他想」，配合揉法，若他想，揉而無益，專注揉與守，經云：「守之不馳，揉之且久，氣惟中蘊，而不旁溢，氣積而力自積，氣充而力自周。」煉《達摩‧易筋經》的三要素中都要運用揉法，這就足以說明揉法與易筋之關係。

‧揉法之技巧

揉，從字面上解釋是順服。推拿手法之一，可以自揉亦可施於他人。用手掌或指肚輕揉某一生理部或穴位，使之順服。揉法實用性強，如遇胃脹、腹脹、頭痛等，不用急於服藥，靜下心來慢慢揉，就可免受針藥之苦。自揉，可暖手揉雙目，揉上眼眶，揉面頰等。

下面介紹三種手法。

1、指揉法（見下圖）

此法適合按揉穴位。

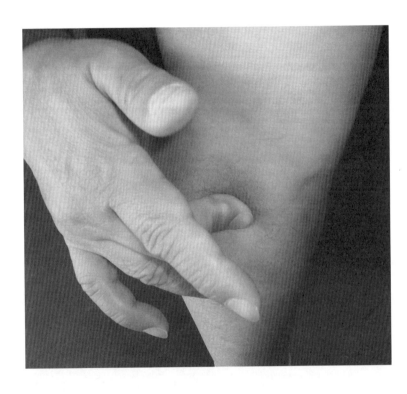

壯內以助其外

易筋經 （傳承與心得）

2、掌心揉法（見下圖）

此法適合揉胃部、臍部、腰部、背部、膝部等。

易筋以堅其體

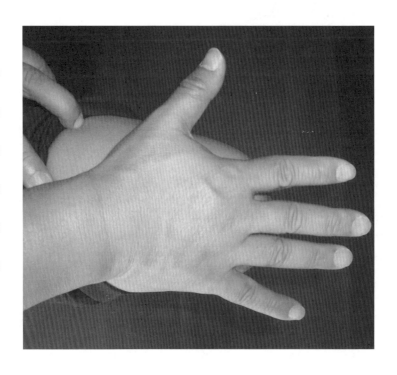

3、掌根揉法（見下圖）

此法適合揉脂肪、肌肉較厚實的部位。

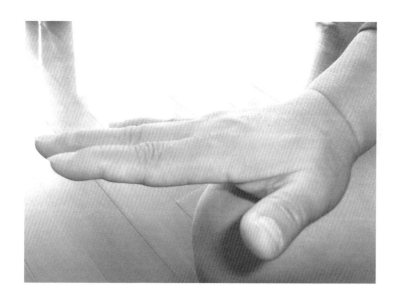

壯內以助其外

・揉法之要點

揉的時間不宜太短，（一個部位）不要少於十分鐘。

揉時要心平氣和（這一條很重要亦很難做到）。手要洗乾淨，指甲要剪短。先將兩手搓熱，然後用右手揉，揉時手腕不要用力，以肘部為支點，用手臂之力輕輕揉動，旋轉幅度不宜過大，神情要專注，動作要輕、柔、緩，緩則為補，使之順服。

指揉法，要找準穴位，操作時壓力要小，用意要深入，通過較長時間指揉來刺激穴位。

·揉法之功效

揉法安全可靠，無任何副作用，適用於全身各部。助內壯，增功力。常用於外傷引起的紅腫、疼痛，胃脹、胸悶、肋痛、便秘、泄瀉等。對心理障礙患者有特效。

揉法具有寬胸理氣，消積導滯，行氣活血，舒筋活絡，如揉者有功力，則能活血化瘀，消腫止痛。

九、《達摩●易筋經》之秘法

　　《達摩·易筋經》（上卷、下卷）都介紹了一種採日精和月華的「秘法」。古代養生學家非常重視人與自然的和諧，創立了天人合一的思想，以動靜相兼的形式，吸天地之元氣，採日月之精華。以充養身心，祛病延年。

　　《易筋經·採精華法》曰：「太陽之精，太陰之華，二氣交融，化生萬物。古人善採咽者，久久皆仙，其法秘密，世人莫知。」（下卷）則更詳細，附錄了一段道家養生書的文字，古書中有一行小字曰：「此與（上卷）〈採精華法〉參詳。」此秘法出自中醫藥古籍《諸病源候論》[①]和道書《雲笈七簽·日月星辰部》[②]、《遵生八箋》[③]等。下面介紹二種「秘法」的出處和煉法。

·採日精法

　　《雲笈七簽》卷三十四曰：「日初出，日中，日入時，向日正立，不息九通，仰頭吸日精光，九咽之，益精百倍。若入火[④]，垂兩臂不息，即不傷。」

　　又，卷二十三曰：「常存心中有日，象大如錢，在心中，赤色。又存，日有九芒，從心中出喉至齒間，而芒回還胃

壯內以助其外

中；如此良久，臨日存，自見心、胃中分明，乃吐氣，漱液、服液，三十九過止。一日三為之，行十八年得道，行日中無影。」

《遵生八箋》曰：「凡存心中有日，象大如錢，中赤色，有光芒，從心中吐出喉至齒間，即不出，起回還胃中。如此良久，臨目存見心中、胃中分明，乃吐氣訖，咽液三十九遍止。一日三為之，日出時、食時、日中時，行之一年，除疾。五年身有光彩，十八年得道。日中行無影，辟百邪千災之氣。常存日在心，月在泥丸中。晝服日，夜服月。」

上述的「秘法」屬於自然療法，常言道，萬物生長靠太陽。自然療法中有「日光浴療法」。東方養生學認為，採太陽之精，可補人體元陽，如陽氣太盛「若入火」，說明採日精太過，可垂下兩臂息火（可瀉去虛火）。

・採月華法（嗡月精法）

《諸病源候論》曰：「月初出時，日入時，向月正立，不息八通。仰頭吸月光精，入咽之。令陰氣長，婦人吸之，陰精益盛，子道通。陰氣長，益精髓腦，少小者婦人，至四十九已上，還子斷緒者，即有子，久行不已，即成仙矣。」

《雲笈七籤》曰：「嗡月精法，嗡月精，凡月初時，月中時，月入時，向月正立，不息八通，仰頭嗡月精；八嗡之，令陰氣長。婦人嗡之，陰精益盛，子道通。凡入水[5]，舉兩手臂，不息沒。」

《遵生八箋》曰:「服月法,存月光芒白色,從腦中入喉,又復至齒,而咽入胃。一云常存月,一月至十五日已前,服十日,已後不服。月減光芒,損天氣,故即止也。」

月華(月光的輻射)對人體確實會產生影響,如煉功者火氣太旺,可在夏曆十四、十五、十六,三日亥時,面對月亮正立,調息閉氣不息九通,然後用口鼻同時吸氣,七至十四次。如練後身體發涼(凡入水),採月華時間過長,身上有入水的感覺,說明吸陰氣太過,舉兩臂至身體發熱即止。婦女陰氣不足亦可採用此秘法。

現代科學研究表明,人體中約百分之八十是體液,月球的引力也像引起海潮汐那樣,對人體中的體液發生作用,引起生物潮。滿月時對人的行為影響比較強烈,使人容易激動。另外,月亮的電磁力影響人體荷爾蒙、體液和興奮精神的電解質平衡,從而引起人的生理和精神的變化。

・採日精月華時辰

〈採精華法〉曰:「朔取日精,宜寅卯時,高處默對,調勻鼻息,細吸光華,合滿一口,閉息凝神,細細咽下,以意送之,至於中宮,是為一咽。如此七咽,靜守片時,然後起行,任從酬應,毫無妨礙。」

〈採精華法〉曰:「望取月華,亦准前法,于戌亥時,採吞七咽,此乃天地自然之力,惟有恒心者,乃能享用之,亦惟有信心,乃能取用之,此為法中之一大功,切勿忽誤

也。」

朔日，夏曆（農曆）初一、初二、初三，即月初三天，適宜採日精。

寅時，即地支的第三位，凌晨三點至五點，人體氣血運注肺經；卯時，即地支的第四位，早晨五點至七點，人體氣血運注大腸經。這兩個時辰是煉功最佳時機，以受清明之氣。

採日精法的次數，一年（以夏曆計，一年四季，二十四節氣）四季各不相同，春三，夏五，秋七，冬九。這樣可以採日精，溫補元陽。

望日，宜採月華。夏曆十四、十五、十六，即月中三晚。

戌時，即地支的第十一位，晚上十九點至二十一點，人體氣血運注心包經。亥時，地支最末一位，人體氣血運注三焦經。這兩個時辰是煉靜功最佳時機。

・煉功時辰

關於煉功時辰前面「秘法」中已經講過，古人傳功講究天人相應，如（上卷）之〈十二月行功〉從〈初月行功〉始，相應從夏曆正月始，逐月煉功，逐月驗證，十二月行功滿，才能全功。

我的老師還專門擇閏春月或閏秋月傳功，他說，閏春月學習宜長功，閏秋月煉功宜結丹。每逢閏月，即多出一

個月的時機，用其春秋助我春秋，時間可以促其生長結果。依〈十二月行功〉法每個月都可以隨氣候、季節的變化而改變，是可以逐月驗證的，由氣候的變化來感受二十四節氣對人體的作用。學功者，尤其是體弱多病者，一是對節氣變化很麻木，另一種就是對節氣變化很敏感。這都是不能相應的結果，可在家中醒目處掛一夏曆（農曆）的日曆，事先用粗筆提前一天標出，這樣一旦節氣來臨就知道如何應對。

【注】

① 《諸病源候論》：隋·太醫巢元方主持編撰，係我國第一部病因學專著，共二十五卷，被歷代中醫養生學家尊為「醫門七經」之一。

② 《雲笈七籤》：北宋，張君房編撰，道教稱書箱為「雲笈」，道書又分為三洞、四輔，故合稱「七籤」。

③ 《遵生八箋》：明·高濂撰，包含《清修妙論箋》、《四時調攝箋》、《祛病延年箋》、《起居安采箋》、《飲饌服食箋》、《靈丹妙藥箋》、《燕閑清賞箋》、《塵外遐舉箋》等八箋。

④ 入火：內丹術術語，採太陽之精太過，陽氣太盛尤如入火，可垂下兩臂息火可瀉去虛火。

⑤ 入水：內丹術術語，採月華時間過長，身上有入水的感覺，吸月華太過，舉兩臂至身體發熱即止。

壯內以助其外

十、《達摩●易筋經》
之藥法

《達摩・易筋經》的宗旨是：易筋以堅其體，壯內以助其外。如果沒有一整套行之有效的完備功法和輔助功法、技法支持，正確的功理指導，是很難以達到這十二字的宗旨的。煉功之初是為了提高自身氣化功能，氣化的物質基礎是每天攝入的水穀、空氣和秉自父母的元氣，但天長日久這些基礎都會動搖，動搖了基礎就會生病，煉功也成了空使，故功效不明顯。

造成基礎動搖有多方面的原因，一是生活沒有規律，入不敷出（時下叫透支）；二是攝入之水穀、空氣被污染；三是精神壓力大或先天不足傷了元氣。因此，煉功氣化所得能量（精氣）是難以平衡氣（陽）血（陰）的。那麼，就必須借助於藥食（石）來築基，以提高自身氣化功能。

・用藥方法

《達摩・易筋經》（上、下卷）所載「用藥法」是配合煉功的，有內服和外洗二類，《達摩・易筋經》（上卷）載：「『服藥法』煉壯之功，外資與揉，內資於藥，行動之際，先服一丸，約藥入胃，將化之時，即行揉功，揉與藥力，

兩相迎湊，乃為得法，過猶不及，皆無益也，行功三日，服藥一次，照此為常。」

　　「內壯藥」共有十味藥，製成丸劑，以補不足。又云：「多品合丸，其力不專，另立三方任用。」這三個均為單方，以上四方之功效均以內壯為主。

· **附錄：**

　　「內壯藥方」下又介紹了三個單方亦很有意思，

　　一方：野蒺藜。（《本草圖經》說：「神仙方亦有單餌蒺藜，云不問黑白，但取堅實者，舂去刺用。」）

　　一方：朱砂。（《本草綱目》說：「『主治』身體五臟百病，養精神，安魂魄，益氣明目……。））

　　一方：茯苓。（《本草綱目》說：「茯苓白色者補。」）

《達摩·易筋經》（下卷）載有「打虎狀元丹」（二方）和「大力丸」，係強壯藥。內服藥由於季節不同，用功部位不同而增配一味藥，選錄幾個處方以供同道研究。

　　　　（夏加）茯苓　　　二錢
　　　　（上行加）川芎　　一錢
　　　　（中行加）杜仲　　一錢
　　　　（手行加）肉桂　　一錢
　　　　（腿行加）牛膝　　一錢
　　　　（夏加）紫蘇　　　五錢　　　（冬加）　一錢

共為細末，煉蜜為丸，白水下。

　　「湯洗方」（外用），《易筋經》載：「行功之時，頻宜

壯內以助其外

湯洗，蓋取其鹽能軟堅，功力易入，涼能散火，不致聚熱，一日一洗或二日一洗，以此為常，功成則止。」又：「時常湯洗，以疏氣血。」（上、下卷）均載有外用「湯洗方」、「下部洗藥方」和「洗手仙方」等。「湯洗方」意在柔化體表，提高肢體敏感性和抗擊能力，藥功並用可達到「易筋以堅其體，壯內以助其外。」的目的。

· 附錄：

「地骨皮、食鹽，各宜量，入煎水，乘熱湯染，則血氣融和，皮膚舒暢矣。」

· 洗手仙方

川烏　草烏　南星　蛇床各半兩

半夏　百部　花椒　狼毒　透骨草　藜蘆

龍骨　海牙　地骨皮　紫花　地丁各一兩

清鹽　四兩　硫磺（一塊）二兩

醋 五碗，水五碗（煎）至七碗，

每日湯洗，止用三料全效。

為了保持國術古本之原貌，故在新版時全文輯錄。

凡有傳承的功法不同於新創編功法，千百年來的傳統和繼承保留了精華去掉了糟粕，俱足了法、理、功、訣、藥、心、輔、秘八個部分。煉功「用藥方法」在其他傳統

功法中也有記載，它不同于平時治病用藥，以上幾則處方在煉功沒有長進，煉功後有疲勞感時可擇方服用，功效是內壯，亦有「助功」的作用，若擔心其力不專，可擇用單方，用藥時須配合揉法，使功、藥並行。

・易筋與藥食

年老體弱者煉「易筋」之法須結合藥食（亦作藥石），下面介紹師承與經驗，吾師較注重行氣、活血、化瘀，他認為習武之人跌仆損傷是家常便飯，練功努力不當也會氣滯血瘀，平時生活勞作亦會受傷，應有些應急的方法。在物資比較缺乏的六、七十年代吾師手上最名貴的藥是紅花、三七等，記得最常用的是揉法，師曰，此乃隨身所帶之良藥，不要吝惜。

若遇較重的傷痛，揉法不起作用時，才用銼刀銼一點三七藥末和著劣質黃酒服，有奇效，無不驗。

現代之老弱多病者尤其是亞健康人群都不缺營養，各種醫學檢查和藥物也很齊備，有想由鍛鍊提高身體素質的，也要認真煉功三個月後再考慮補益之法，這樣的人群應首選食補，古人云，藥食同源。《素問・藏氣法時論》説：「五穀為養，五畜為益，五果為助，五菜為充。」具體來講，經過煉功自身氣化功能好了，消化功能也改善了，要多補充水分，如蔬果汁、牛奶、豆漿，最好是白粥，五穀雜糧生發之氣最清純。俗話説，藥補不如食補。身體比較

虛弱者可用「藥膳」，選用禽類放入適量大棗、桂元、枸杞、黃芪等，以藥助食氣，容易吸收。

　　凡用藥食須有明師指導，要想借助藥之性味助功者更須明師指導。用藥法，要因人、因時、因地調攝，目的性明確，服用者，也要知藥理、藥之性味、歸經、功效等，選擇合適的劑型，助功之藥，起效即止，切不可依賴藥性長功，更不能亂用補藥和大葷，若不忌不但無助，反而障道。

　　藥食劑型有藥膳、湯、丸、散、膏等。

　　藥膳： 選擇補氣、血之上品藥和禽類同煮，藥助食氣易歸經。

　　湯劑： 選用精製飲片，浸泡時間要足，煎時講究火侯，適合白天服。

　　丸劑： 藥力緩慢，作用時間長，適合晚上服用。

　　散劑： 大多為單方，專攻一處，內服、外敷均可，外用要特別注明「外用」，以免誤食。

　　膏劑： 大多為補益方，大補須冬至（夏曆）始，平日用膏劑「中病輒止」而「不可以為常」。膏劑亦可作外用，要在容器上注明「外用」，以免誤食。

　　服藥禁忌： 服內壯之藥時忌房事，切忌食蔥，因蜜丸之蜜和蔥性相反。

　　採取藥法意在「易筋」過程中，若功全而藥（自身津、精、氣、血）不足，每天空運使有損而無益，借助藥食補充有「助功內壯」之效，補益的「度」只有自已慢慢把握，但是，要以易筋為主，藥食為輔，絕不能本末倒置，在功

藥並行之際，更應懂得惜精葆元，若精滿氣足，則宜運精補腦，行洗髓之功。

·如何看待古藥方

我們若按書中的古藥方抓藥熬製可能不適用，古方的計量雖可換算，炮製的方法也可照辦，但終究不知虛實加減，恐有不測，加上古人練功的量大於今人，諸如飲食、環境、心態等亦有很大差異，摘錄古藥方是供研究，千萬不能盲目服用。

據師傳和自身的經驗可選擇功效相仿的中成藥（非處方藥）代用，亦有同等功效。如《易筋經》（下卷）載：「大力丸」其用藥、配伍、主治、功效與市售「跌打丸」相同，筆者選用梧州製藥廠之老牌「中華跌打丸」代用效果也非常好。下面介紹如何應用「中華跌打丸」的內壯和活血方法供同道參考。

國術內功如不得法，會形成氣滯，發力過猛，還會產生血瘀，進而導致人體機能的五行失衡。出現該症候不用緊張，如局部氣滯可治以導引、揉法，即預備式之屈伸是也。以局部放鬆為主，再配合呼吸。日常生活中如行、住、坐、臥亦會引起氣滯，這是因為久行、久坐、久臥或沒有做預備功等。搬運勞作，跌撲滾翻也會傷及筋骨形成血瘀。此類症狀皆源於人體經絡不暢，氣血不順，五行失衡，可經由練功或揉法行外部治療，內服「中華跌打丸」等通絡

壯內以助其外

活血藥進行內部疏導。經常服用及配合易筋經鍛鍊，能使身體活力充足，對中老年保養身心，延年益壽益處甚大。為居家必備或旅行首選良藥。

十一、《達摩●易筋經》 之房中術

　　健康人所有的生理功能都應該是正常的，包括性功能，《易筋經·用戰》曰：「設人緣未了，用之臨敵，對壘時其切要處，在於意有所寄，氣不外馳，則精自不狂，守而不走。」這一段文字即「房中術」，房中術是古代養生術之一，古代養生學家研究如何正確地過性生活，包括減少消耗和優生等。

　　中醫藥古籍《醫心方》中的房中術，有許多合理的方法。煉功後精滿氣足，應惜精養氣，腎虛陽痿者，更要知道保養，可參學〈下部行功法〉使任脈和督脈真氣環流（周天），使身體真正強壯。

十二、《達摩●易筋經》
十二勢之傳承

　　傳承文明一是實用性，二是完整性，《達摩·易筋經》共十二勢，有十二字要訣：屈伸呼吸，抻筋拔骨，守中用和。立十二字目標：易筋以堅其體，壯內以助其外。須〈十二月行功〉驗證。具有上述二個特性。

　　《達摩·易筋經》以煉筋壯骨為入門功夫，十二勢均獨立，以站樁為基本功，屬國術拳操類之柔術，柔術乃走化之術，走化的實質是導引、吐納、煉氣、運氣。十二勢動功由二大部分組成：拳術結合肢體規範運動和仿生運動。整套動作簡潔舒展，符合現代運動醫學模式。古代原始的動功都有一個共同點，那就是簡潔。如莊子的《熊徑鳥伸》只有二個動作，即象熊一樣在地上爬行，然後模仿鳥一樣展翅飛翔。華佗的《五禽戲》模仿五種禽獸——虎、鹿、熊、猿、鳥動作，這些模仿動物形態的功法，屬仿生功法。

　　古法《八段錦》中大多是肢體規範的運動，也穿插「搖頭擺尾」的仿生動作，這些動作若能仔細體悟，其設計原理和前後安排順序都符合現代運動醫學的特點，中國傳統醫學也一直將《易筋經》作為按摩醫生的基本功。

壯內以助其外

·關於預備勢和收勢

　　《易筋經》十二勢世人皆知，怎麼又多出二勢？這是由於傳承的關係，吾師唐金元傳《易筋經》有一預備勢，此勢係門內所傳，以熱身、鬆筋、拔骨、吐納為主，此式名曰：屈伸呼吸。即團身下蹲（詳見掛圖），同時吐氣，觀想如在母腹。團身前傾時抻拔「踵」；起身時兩手按膝，上身前躬抻拔膝後之「筋」；兩手十指交叉，翻掌心向下抻拔「腕骨」；兩手上舉，同時吸氣，重心前移向上「抻拔」；叉手抱後腦，抬頭挺胸、挺腹、挺小腹、挺腹股溝，突然放鬆，同時「咳」出聲響；兩手左右分開，從體側慢慢放下，與肩平兩手「握固」，依次放鬆肩、肘、腕、掌指。

　　此法是吾師傳：屈伸呼吸，抻筋拔骨法。如果受條件所限，影響正常鍛鍊，可單煉預備勢和收勢，也可彌補停煉的缺憾，亦有「易筋」之功效。

　　南懷瑾老師傳《易筋經》收勢，二〇〇二年六月在香港親近國學大師南懷瑾，南懷瑾老師說，《易筋經》「掉尾勢」不是收勢，凡煉功一定要有收勢，否則就如只知播種，不懂收穫。收勢一般都忽略了，很多人不知其重要，如果只煉功，沒有收功，功效會大打折扣。

　　注意，第十二式圖下有一句，訣曰：「左右膀伸七次」此乃收勢。即煉完十二式後，承上式，左右膀伸七次，兩手合掌「守中」此乃形、氣、意兼收。切記。

　　後再兩手合掌對搓，待手掌熱，先用右手拍左手內關

七次，外關七次，然後用左手拍右手內關七次，外關七次；
兩手拍環跳穴七次，拍足三里七次。此法是南懷瑾老師親
傳，十分見效，經左右膀伸七次後，再拍打經穴精神倍增。

　　以上所述預備勢和收勢係傳承所得，不敢獨享，供養
大家。

·關於《達摩·易筋經》十二勢

　　吾師曰：《達摩·易筋經》之要領「精於心，簡於形。
動作要古樸，緊扣『拳經』，不求好看，但求有用，跌倒（指
病臥於床）想拳經」。吾學《達摩·易筋經》始於正月（夏
曆）初一，是每日寅時，先壓腿，次壓肩，再站樁，然後
再開始煉《達摩·易筋經》十二勢。

· 韋馱[①]獻杵第一勢

　　（「衛門藏版」韋馱獻杵共三圖二勢，其他版本有三圖
勢，細究之，吾之傳承將一、二圖式合而為一，故只有三
圖二勢。）

　　拳經[②]：「定心息氣，身體立定，兩手如拱，心存極靜。」
平步樁，是起勢動作，要求身體中正平穩，動中求靜。整
套動作是佛教中最為常見的「兩手合十」，一直煉到火氣（心
火）全消，動作快慢隨呼吸，動作舒展大方，注意「守中」
部位的開合。

・ 韋馱獻杵第二勢

拳經：「掌托天門目上觀，足尖著地立身端，力周腿肋渾如植，咬緊牙關不放寬。」（此段拳經借用於通行本）兩腳開立，呈馬步樁，兩手上托意在「理三焦」，三焦位在胸腹，注意「守中」部位上下「升降」，升吸氣，降呼氣。常煉此式，可改變上氣不接下氣的生理現象。

・ 摘星換斗第三勢

拳經：「單手高舉，掌須下覆，目注雙掌，吸氣不呼，鼻吸調勻，用力收回，左右同之。」 兩腳開立，呈馬步樁，左右單舉之目的，是為了調理脾胃，注意「守中」部位「左右、上下」移動，一動為一吸，停頓為呼，一吸一呼為一息。手腕用力抓緊收回。

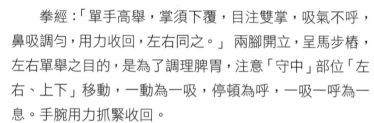

・ 出爪亮翅第四勢

拳經：「掌向上分，足指柱地，兩肋用力，併腿立膀，鼻吸調勻，目觀天門，牙咬，舌抵上齶，十指用力。」 呈平步樁，牙咬，舌抵上齶（注意：不同於舌舐上齶，下同），屬象形動作，仿鳥。抬頭挺胸「守中」，重心前移，兩手上舉，同時吸氣，兩手放下曲肘後收，如夾物，同時呼氣還原。

・ 倒拽九牛尾第五勢

拳經：「小腹運氣空鬆，前跪後腿伸直，兩目觀拳，兩膀用力。」 呈馬步樁轉左右弓步，運氣發力的動作，在左

右轉體運動中感受「氣與力合」，注意「守中」部位的「內在」變化，發力時吸氣，轉體時呼氣。

・ 九鬼拔馬刀第六勢

拳經：「單膀用力，夾抱頸項，自頭收回，鼻吸調勻，兩膝裏直，左右同之。」呈平步樁，上身保持正直，兩手側平舉，同時轉體「轉動脊柱」，屈肘勾帶嘴角，轉動了胸椎和頸椎，注意「脊椎」及兩側的變化，此乃真「導引」也。

・ 三盤落地第七勢

拳經：「目注牙皆，舌抵上齶，睛瞪口裂，兩腿分跪，兩手用力抓地，反掌托起，如托子金，兩腿直收。」呈低馬步樁，此勢煉內壯功，外動第一盤用「推」法，第二盤用「托」法，第三盤用「盈」法。得法後動作可細化為：插、推、托、拉、壓、揪、提、盈八法。

・ 青龍探爪第八勢

拳經：「肩背用力，平掌探出，至地圍手，兩目注平。」呈平步樁，屬仿生功，從轉體上探到下探轉體一百八十度起身，一氣呵成，動作連貫，手、肩、背、腰的動作，使意氣相隨。

・ 臥虎撲食第九勢

拳經：「膀背十指用力，兩足蹲開，前跪後直，十指柱

地，腰平頭仰，胸向前探，鼻吸調勻，左右同之。」虎形椿，仿老虎的動作，十趾和十指柱地，呲牙裂嘴，前探時發出吼聲，對虛火上炎有很好的療效。

・ 打躬勢第十勢

拳經：「兩肘用力，夾抱後腦，頭前用力探出，牙咬舌抵上齶，躬身低頭至腿，兩耳掩緊，鼻吸調勻。」呈平步椿，以煉腰為主，注意「命門」，起身時昂頭抬起，腰部用力，同時吸氣，下勢兩小臂夾耳，同時呼氣、收腹、提「會陰。」

・ 掉尾勢第十一勢

拳經：「膝直膀伸，躬鞠，兩手交推至地，頭昂目注，鼻吸調勻，徐徐收入，腳跟頓地二十一次。」呈熊形椿，屬仿生功法，膝直膀伸似「熊徑」，以煉腰為主，頭昂目注前方，以煉頸椎，腳跟頓地促使氣血上升。

・ 收勢

拳經：「左右伸膀七次。」眼看腳後跟。兩臂上下交合時，鼻吸調勻，同時注意「守中」。

【注】

① **韋馱**：是佛教的護法金剛，一身正氣，顯將軍相。在漢傳佛教寺院中，天王殿的彌勒菩薩後，站立一位將軍手持降魔杵的就是韋馱，以示維護正法。

易
筋
以
堅
其
體

②**拳經**：國術拳譜，亦稱捶譜。唯有《易筋經》之口訣稱拳
經。

十三、基本功

　　煉功尤如練書法，認真從楷書下手，臨帖要用心，無
論繁體字、簡體字，筆劃不能多亦不能少，如果一開始就
自創一套，最後是不知所終。因此，初煉者一定要動作規
範，天長日久才會明白其中奧妙，切不可隨心所欲，添枝
加葉。國術健身講究剛柔相濟，欲煉好《達摩·易筋經》
十二勢，須煉好下面三個基本功：

壯內以助其外

1、站樁

　　兩腳開立與肩同寬，兩手握於後，舌抵上齶，抬頭挺胸（見下圖），站立五分鐘。

正面　　　　　　　　背面

2、正壓腿

腳後跟架在壓槓上（見下圖），左右腿各壓五分鐘。

壯內以助其外

3、壓雙肩

　　兩腳開立與肩同寬，兩手握住壓槓略寬於肩，抬頭慢慢下壓，五分鐘（見下圖）。

易筋以堅其體

　　煉好站樁功，煉《達摩·易筋經》十二勢動作下盤樁基才會穩固。壓好腿和肩，抻筋拔骨動作才能做到位。

　　《達摩·易筋經》獨特的屈伸呼吸，抻筋拔骨運動形式，是從緊張中體會鬆馳，使人體始終保持身穩頸直，內強外壯。

・行功禁忌

一、煉《達摩・易筋經》十二勢時，必須繫上腰帶，紮腰帶有利於發力運氣，腹部也不會鼓脹、下垂，腰部也不會生贅肉，能使清氣上升，濁氣下降。再煉靜坐時，寬衣解帶，才有「帶」可解，解帶後人體「帶脈」氣機運行才能感受。切記！

二、夏曆「白露」後在室外煉功不可以赤膊。

三、成年男子煉《達摩・易筋經》十二勢，百日之內，房事不宜太頻。

四、成年女子凡遇例假，只煉一、二、三、四勢和收勢。

十四、禪定與靜坐

說到禪定[①]人們馬上會聯想到達摩禪師在少林面壁九年。禪定有四禪八定，即初禪，未知定、根本定；二禪，近分定、根本定；三禪，近分定、根本定；四禪；近分定、根本定。

靜坐是禪定的基礎，《達摩・易筋經》十二勢後，拳經：「盤膝靜坐，口心相注，閉目調息，定靜後起。」此乃靜坐要領，是在收勢之後。習煉靜坐之要訣，這才是《洗髓經》之緣起。

這一段文字非常重要，丁福保[②]居士說：「靜坐確有口

訣，若獲其訣，即有事半功倍之益。」禪門宣導靜悟，重視解脫（去除妄念，消除煩惱），由動功除昏沉，主張靜坐來達到養神，神氣足則性靜心空，入初禪境界。靜坐法亦是為以後習禪定打基礎的，若要進一步研究靜坐法，請參閱袁了凡（明）著《靜坐要訣》[3]、《攝生三要》。

【注】

①禪定：梵文音譯，「禪那」之略。意譯為「靜慮」、「思維修」等。禪狀態是心注一境，故曰：禪定。

②丁福保：（1874－1952）字仲祜，號疇隱，江蘇無錫人，博學出版書籍四大類百餘種，佛學專著有《佛學大辭典》、《佛學指南》等。養生書《靜坐法精義》等二十餘種。

③《靜坐要訣》：明·袁了凡撰，論述佛家靜坐法，有著名的「白骨觀」法。

易筋以堅其體

·靜坐法（趺跏坐）

《易筋經》曰：「此功昉自釋門，以禪定為主，將欲行持，先須閉目，冥心握固。」（見下圖）

壯內以助其外

冥心握固

煉《易筋經》十二勢後，可靜坐三十分鐘至六十分鐘，靜坐最好在室內，固定使用一個坐墊，坐墊厚約五公分，可結趺跏坐。

1、寬衣解帶，上坐，兩腿結趺跏坐（俗稱單盤、雙盤），無論單、雙盤，務使足心朝上，兩手重疊掌心向上結定印（或兩手握固，拳心朝上，置於肋旁），置於小腹前（名曰：五心朝上，兩足心、兩手心和舌尖。），上身保持正直，身體微向前傾，推出尾閭，打坐若壓住尾閭會犯昏沉。

2、咬牙，舌抵上齶。先咬牙然後放鬆，同時舌抵（注意不是「舐」）上齶；眼簾下垂（眼留一線光，勿緊閉），下視鼻端；開始數出入息（一呼一吸為一息），採用鼻吸鼻呼，鼻息調勻，行呼吸之功時，耳不聞身外音，專注聽息。

3、靜坐時若犯昏沉，用兩手成爪狀，十指柱地（見上卷十指著座圖），此法可使清氣上升，濁氣下降，對治昏沉。

4、靜坐完畢，合掌對搓至手掌發熱，用手掌熨目（輕帖眼眶），然後慢慢睜開眼睛，用手將腿搬下，伸直兩腿，腳趾內勾，待腳不麻後才下座。

・靜坐注意事項

關於推出尾閭，此舉非常重要，傳統養生學認為，人在母腹時，肚臍吸收，鹵門呼出。人出生後，口鼻吸收，尾閭排出。故坐有坐相，不可壓住尾閭。

靜坐時，靜室內不要有動物（寵物之類），靜室內光

線要柔和，要避風，禁用冷氣，在空曠的殿堂靜坐，要防風，古德云：防風如防箭。如靜極時受驚（雷電、炮竹、門鈴、電話鈴等），不要急於離坐，兩手握固調息後再起身。初學者，不要在野外和不熟悉的環境席地而坐。

十五、關於呼吸與次數

《達摩•易筋經》十二勢的呼吸法，前面講得比較具體，由於功法傳承源於國術，拳操屬柔術，動作規範，屈伸呼吸要配合，如果初學就自然呼吸，以後很難長進。因此，呼吸吐納法要配合動作，行走化之實，古書上調息名相也較多，還是經過煉習體會來得直接，透過剛柔相濟的動作，再配合適當的呼吸，使筋骨產生變化，這就是柔術的生理作用。

十二勢呼吸，宜口鼻同時用，單用鼻息，通氣量不夠大，可能會憋氣，口鼻同用，要咬牙、舌抵上齶，以免咽喉乾燥。呼吸時出聲與否，依據動作性質而定，如臥虎撲食，要怒目吼。

若要深入研究呼吸吐納，凡屈呼伸吸、開吸合呼、升吸降呼、俯呼仰吸、收吸放呼、起吸落呼，都有一個中心，這個中心有其具體的生理位置，這個位置即「守中」處。提氣，由此而上；沉氣，由此而下。開合、升降皆和合於此，謂守中也。

《達摩•易筋經》十二勢的三要素；導引、養氣、守

壯內以助其外

中。旨在「易筋以堅其體，壯內以助其外。」

　　每式重複的動作，除了「掉尾勢」二十一次，「收勢」七次外，沒有規定，有做六次，也有七次、八次、九次、十次的。吾師傳凡重複動作都做七次，佛教醫方明認為「七」是一個變數（中醫學也是這樣認為）。

　　《達摩·易筋經》曰：「數日漸加，增至百數為止，日行三次，百二十日功成，氣力能凝且堅，則可日行一次，務至意念不與乃成。」

十六、《達摩●易筋經》口訣之傳承

——親近南懷謹老師的因緣

　　我的學法因緣很殊勝，常常會遇到明師指點，傳承有親疏之別，故有傳功不傳法，傳法不傳理，傳理不傳訣的做法，還有讓人望而卻步的門戶之見，所學動作有增演變化，法、理、訣不完整。

　　親近南懷瑾[1]老師因緣是一九九五年至一九九七年我在上海閉關[2]閱藏，三年下來做了近四十萬字的《佛教醫方明》筆記，請朋友交南懷瑾老師審閱，南懷瑾老師叫二位善知識（一位是比丘尼，一位是學者）看過後，聽了他們的看法，然後叫我去面談，2000年6月筆者有緣親近南懷謹老師。

南懷謹老師問：「學過什麼功夫？」答：「雜學百家，久練易筋經。」南懷謹老師要我演示一遍，即在廳堂比劃一番。南懷謹老師問：「完了？」答：「十二勢都做了。」南懷謹老師說：「《易筋經》有幾種版本，最好是依『衙門藏版』，第十二勢『收勢』很重要，口訣最後一句是收勢，收勢後要循經拍打內關、外關、環跳等。這是有傳承的才知道。現在告訴你。」

　　我當下謝師傳法，生歡喜心，發願傳授《易筋經》，利益大眾。

　　達摩禪師所傳禪法不尚文字，口傳心授，怎樣又有了口訣？南懷瑾老師說：《易筋經》之口訣，分為顯密二個部分，如十二勢圖譜下的文句，既是要領又是口訣，要細心領會。如韋馱獻杵第一勢，訣曰：定心息氣，身體立定，兩手如拱，心存靜極。這十六字訣，包含了調心，調息和調身。

　　第二部分是有傳承的， 偈[3]曰：

壯內以助其外

單明身中動靜功，
道包天地遍空虛。
穿骨透髓無不到，
應現八方妙無窮。
周流四大為真主，
內無形相外無蹤。
常與三家來相會，
內外一體現金容。

偈語的最後一句「內外一體現金容」我親眼所見，南懷瑾老師就是現金容，修行來不得半點虛假，真修和假修是可以印證的。

沒有想到閉關三年竟獲如此殊勝因緣，又得法又受到教誨。《佛教醫方明集要》的書名也是南懷謹老師題的，南懷瑾老師說，這樣和內容比較貼切。原來所提《佛教醫方明》書名太大了。

我要求和南懷瑾老師合影，南懷瑾老師慈悲應允一同合影。（見下圖）

南懷謹老師很慈悲，知道我經常遇到一些疑難雜症患者，就又教我一些治病的手法，還送了一瓶他自製的藥「太乙續命散」（見下圖）。

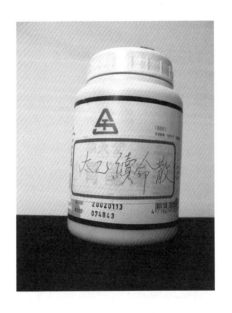

壯內以助其外

　　親近南懷瑾老師另一大收穫是破了執著。要開飯了，南懷瑾老師笑著說，我這裏是「人民公社」，一桌素菜，一桌隨意。我報名和南懷瑾老師坐在一起……。

【注】

①**南懷謹**：臺灣著名國學大師、學者。以其深厚的學術功底、傳奇性的證悟經歷和通達的智慧，享譽海內外。

②**閉關**：斷諸因緣，閉門修養道業。

③**偈**：偈語，亦作法語。

十七、《達摩●易筋經》中的輔助功法

　　輔助功法是配合《達摩・易筋經》正功十二勢的，輔助功法主要有二大類：一是內壯功，一是外壯功。

　　如〈內壯神勇〉開篇講「周天功」接著講「排打功」。〈煉手餘功〉、〈推煉手足〉、〈煉指法〉、〈搓膀腕法〉等，都是煉手足外壯強硬的，還列舉了很多輔助應具，詳細介紹了各類應具的選材、製作方法，詳細介紹了使用方法和禁忌。

　　〈外壯八段錦〉講解了「氣與力合」的煉功方法。〈十二月行功法〉逐月講解了煉功效應和怎樣運用輔助功法。

　　〈賈力運力勢法〉賈力，即賣力。是一套完整的輔助功法，除了預備功和運氣方法，還有助煉大周天的「時攄五指，頭搗戶壁。」（見下圖1、2、3、4）

易筋以堅其體

圖1

圖2

壯內以助其外

圖3

圖4

易筋以堅其體

運力要做到氣與力合，用意運力。煉功時不能只求鬆而使氣散亂，過份的強調「鬆靜自然」就會使氣散亂。「杵席作臥」和「鐵板橋功」即是賈力、運力的驗證法（見下圖）

杵席作臥

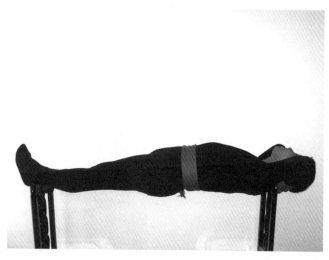

鐵板橋功

　　在《達摩·易筋經》十二勢正功中有二點要特別注意：一是咬牙，即開始煉功先咬牙，此舉有利提氣。二是舌抵上齶，不是舌舐上齶。還要說明，煉功，不是練功。

　　煉功心念要正，煉功的同時也要提升自已的品德，功夫才會有長進。吾師真慈大和尚說：「道貫古今，德敷上下。」與同道共勉。

壯內以助其外

十八、符合當代醫學模式的《達摩●易筋經》

　　我們對《達摩‧易筋經》的認識其實是很膚淺的，喜歡做一些「結論性」的評說，對前人的智慧熟視無睹，如果我們能靜下心來，認認真真地煉上幾年，心平氣和地研究各種版本，就會發現自己太渺小，裏面的學問太大。古人曰：「經讀百遍，其義自現。」熟能生巧，就是這個道理。儘管傳承了一千多年，她的內涵和現代醫學模式還是相應的。

　　世界衛生組織公佈的當代醫學模式：心理（西方譯為心靈）──神經系統──免疫系統。《達摩‧易筋經》是一套整體運動的自然療法，其功效真可謂：有病治病，無病健身。這套運動的特點是有三個要素貫穿其中，即調整呼吸。呼吸法非常重要，佛家有「人命在呼吸間」的論斷。養生家發現，呼吸一法貫穿三教（釋、道、儒）。調整形體，一張一弛、文武之道。氣息和身形一併調攝，屈伸呼吸，吐故納新。調整意念，是在調息、調形的基礎上，守中用和。將外馳的心收回到自己的氣息和形體上來，使意、氣、形統一起來。

　　現代心理學研究表明，有的意識有重要的心理機能，它對人的身心系統起著統合、管理和調節的作用。它是有生理基礎的，不是憑空臆想的，它的生理基礎是人體神經系統，神經系統的基本結構單位是神經元（見下圖），神經

元具有接受刺激（資訊）、傳遞資訊和整合資訊的功能。

神經元分為感覺神經元（傳入神經元）、運動神經元（傳出神經元）和中間神經元（在感覺和運動神經元之間起聯絡作用的聯絡神經元）三種。

許多神經元的軸突聚集在一起組織成神經纖維，構成一根神經。神經系統就是由遍佈全身的神經組織成，它包括由腦神經和脊神經組成的軀體神經系統及自主神經系統。大量神經細胞集中的地方稱作神經中樞，它包括脊髓和大腦（下一步煉的是《洗髓經》，多麼巧妙，多麼不可思議）。脊髓由脊神經細胞和神經纖維構成，是中樞神經系統

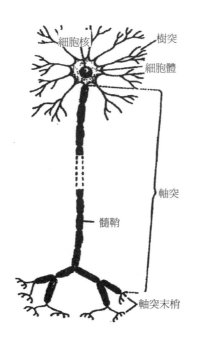

最低級的單位，如呼吸、心跳、體溫調節等。延腦支配呼吸和心跳。小腦是保持身體平衡，調節肌肉緊張度，實現隨意和不隨意運動的機構。

前面提到有自主神經系統由交感神經和副交感神經組成，分佈於心臟、呼吸器官、血管、胃腸平滑肌和腺體等內臟器官，調節、支配內臟器官的活動。

自主神經系統一般不受意念支配，但是經特殊訓練（現代心理學亦承認），意念可在一定程度上調節自主神經的活動。誠然，人在情緒狀態下（尤其是心身疾病）會有明顯的生理變化，說明自主神經系統的活動與情緒有十分密切的關係。

提高免疫系統的功能，中國傳統醫學和古印度醫學提出了一個「氣脈」學說。中國醫學認為，正氣在邪不可干。印度醫學則認為氣脈通暢百病不生。提高自身免疫功能除了要注重作息和營養外，正確的鍛鍊方法很重要，有位仁者提出研究「上工工程」，以愚之見就可從此處下手，會少走很多彎路。因為《達摩·易筋經》經過千百年的「臨床」實踐，有安全性好，功能性強，適應人群廣的特點。是一套值得學習的養生功法。這套古代養生法公開了一個被內家稱為不傳之密的「心印」，即《易筋經·內壯論》曰：「守中」。守中要法可契合現代醫學模式：心理——神經系統——免疫系統。

中國自然醫學傑出人才
嚴蔚冰简介

　　嚴蔚冰，一九五一年六月生於上海，自幼學武，師從唐金元，從七十年代參加市體委舉辦的武術教練員培訓班，從此開始在各地拳操輔導站傳授武術、氣功。發掘整理武當功法《七星活氣功》，四川成都體院鄭懷賢教授傳《龍形功》。

　　一九八四年任黃石市科技諮詢服務部主任。

　　一九八五年參加光明中醫函授和中華氣功進修學院學習。

　　一九八六年在南京靈谷寺，恭請南京靈谷寺真慈大和尚為説三皈依。親近茗山長老。昌明法師。道根法師。顯光法師。本煥大和尚等。出任首屆黃石市佛教協會秘書長。

　　一九八六年任廣西桂林氣功保健研究中心主任。先後在廣西醫學院，廣西農學院，廣西師大，南京大學，湖北師範學院等辦班講學。被中國廠長經理研究會聘請為養生保健導師，應邀到江蘇省、河北省大型國營廠礦企業辦班。

　　一九八七年北京大學教授陳守良推薦到北京海淀氣功學院工作。

　　一九八七年率隊參加湖北省武術散打擂臺賽，獲團體第一名。代表湖北省隊參加首屆武術國際散手擂臺賽。

壯內以助其外

易
筋
以
堅
其
體

手捧獎狀者即為作者

二〇〇三年專修藥師琉璃光如來法門，顯宗藥師法門修持八年後，向青海省尖紮縣昂讓寺，嘉木祥‧旦卻上師求藥師佛灌頂。

二〇〇六年任桂林愚自樂園副總經理兼養生事業體總經理。

· 學術交流

　　一九八四年參加全國體育氣功學術討論會，《足球運動員舌抵上齶的體會》獲論文錄用證書，同時被《體育與氣功》雜誌聘為特約記者。

　　一九八五年參加深圳國際氣功會議，獲優秀功法表演證書。《論「口訣」在氣功實踐中的地位與作用》獲大會交流證書。

　　一九八六年發掘整理《武當熊門七星活氣功》獲湖北省黃石市科協頒發的優秀科技成果二等獎。同年在武漢大學學習企業管理。

　　一九八七年被中國氣功科學研究會聘請為特約研究員，同年參加第一屆全國氣功科學研究會（興城）。

　　一九八八年參加第二屆全國氣功研究會（青島）。

　　一九八九年編著《實用道家氣功法》，由廣西民族出版社出版，全國新華書店發行。一九九〇年再版，一九九一年重版，改版式為繁體字，海外由香港三聯書店發行，發行量幾萬冊。

　　一九九〇年被湖北省氣功科學研究會聘請為學術委員會特約研究員。

　　一九九二年參加湖北省道家內練功法學術研究會《道教西派源流考》獲優秀論文獎。同年任湖北省氣功科學研究會理事，學術委員會成員。

　　一九九二年經湖北省氣功科學研究會醫療專業委員會

考核，批准為醫療氣功師，並頒發證書，同年開始對先天性腦癱的綜合康復計畫的研究，歷時三年，取得了國際公認的效果。

一九九三年參加《三楚第一山》的編寫。

一九九四年被東方文化館接納為館員。

一九九五年至一九九七年在上海閉關三年閱佛教《大藏經》。撰寫四十餘萬字的《佛教醫方明》，經茗山長老、南懷瑾老師審閱，南懷瑾老師建議改名《佛教醫方明集要》，按《四庫全書》之醫書形式編撰，同年被中國氣功科學研究會專家評審委員會批准為高級氣功師。

一九九八年初至今從事帕金森症的綜合治療研究。著《尋醫之路》第一輯，參加東京亞太地區第二屆帕金森會，在大會交流時引起強烈反響，世界衛生組織協調部主任費力高醫生從瑞士維也納發來賀電，稱讚用自然療法治療帕金森症是一種新思維，並將此書推薦給歐洲帕金森會主席瑪莉‧柏加夫人。社會活動家柏加來函要求將文章在歐洲帕金森症會的出版委員會上刊登。

二〇〇〇年針對帕金森症設計了一套自然整體運動法，對治帕金森症。並在同年第三屆香港亞太地區帕金森症會上發表，日本國自然療法專家專程到上海求教。

二〇〇二年著《尋醫之路》第二輯，在第四屆漢城亞太地區帕金森症會上發表，其中《帕金森症整體運動鍛鍊法》受到大會歡迎，會後世界各國索要英文版和日文版的函件不斷。

二〇〇三年《帕金森症整體運動鍛鍊法》獲第二屆中

華名醫世界論壇金獎。同年被中國醫療保健國際交流促進會授于「中國自然醫學傑出人才」。

二〇〇四年《尋醫之路》第二輯由廣西民族出版社出版，其中有中文、英文、日文三種文字。

二〇〇四年在廣西醫科大學，學習心理諮詢師教程。獲國家心理諮詢師資格證書。

二〇〇五年香港一時文化藝術出版社出版簡體版《達摩·易筋經》。

二〇〇六年參加世界醫學（北京）氣功學術研討會。

二〇〇七年在和《中華養生保健》雜誌聯合舉辦《帕金森整體運動康復法》和《達摩·易筋經》的函授教學。

二〇〇七年任世界醫學氣功學會常務理事、專家委員會委員。

易筋以堅其體

壯內以助其外

附錄

《達摩‧易筋經》使我Ｂ型肝炎康復

廣西桂林荔浦縣國稅局副局長　羅恩和

易筋以堅其體

我在桂林荔浦縣國稅局工作，五年前（2002年春）在縣人民醫院的一次例行體檢中，體檢報告顯示肝功能各項指標都大大高於正常指標，Ｂ超結果為「脂肪肝」。平時在醫療廣告中聽到的「小三陽」居然落到自己身上。

一、 尋醫找藥，前途迷茫

我平時身體一直不錯，工作、家庭各方面都充當主力。自從戴上了「Ｂ肝」帽子後，十分焦慮，到處尋醫找藥。一年折騰下來，肝功能指標和Ｂ超結果完全沒有變化。

難道真的要一輩子充當「Ｂ肝病毒帶源者」嗎？那段時間心理壓力特別大，睡眠、飲食都出現了問題，感覺進入了一個惡性循環。

二、 身心俱疲，灰心喪氣

有時回想起來，沒有生病前，真是有用不完的勁，無論工作、運動還是在酒桌上（地方上的陳年陋習）都是主力，自被確診是「Ｂ肝病毒帶源者」，猶如五雷轟頂，一下子垮了下來，對疾病愈瞭解就愈恐懼，弄得身心俱疲，看到各種治療廣告，都是滿懷信心去，灰心喪氣回，二年不到，臉上、身上的「老年斑」也長出來了，每天拖著兩條

沉重的腿，有氣無力。這一切就像一場不會醒的惡夢。

三、 偶遇明師，授《達摩·易筋經》

2003年底，有一次應酬市局來縣的領導，在座有一位氣色非凡的「年輕人」，經人介紹是剛從上海來開發區投資開工廠，人們都習慣叫他嚴老師。嚴老師擅養生，故顯年輕，後來熟悉了才知道，嚴老師其實也已年過半百，整整大我一輪（即十二歲）。

嚴老師笑著說：「羅局長應酬太多，且又信奉寧傷身體，不傷感情，飲酒過多傷及肝脾，要好好學習保養啊！」我當即向嚴老師請教方法，嚴老師說：「從下週開始，你可每天清晨來我廠，我授汝易筋之法。」

四、 動靜結合，吐故納新

嚴老師每天在傳授動作之前，先幫我調攝心理，樹立我的信心。他要求我盡可能減少應酬，有空就到他那裏去鍛鍊，並親自示範，無論寒暑持之以恆。

現在回想起來，第一年是最難的。春天懶得起床，必須用鬧鐘；夏天一動汗流一地；秋天煩躁缺乏耐心；冬天寒冷刺骨。每天天不亮就去嚴老師處「易筋」。

令人欣喜的是付出得到了回報。一年調理下來，體檢結果有二項指標正常了，其餘指標也在向好的方向發展。

嚴老師說，易就是「變」、「改變」，「筋」是生理，就是年復一年的鍛鍊來改變生理，讓病魔沒有藏身之地。

壯內以助其外

五、 熟能生巧，持之以恆

嚴老師經常檢查糾正我的動作，講解要領，使我知其然，又知其所以然。

自習練《達摩·易筋經》不到二年，體檢指標就幾乎接近正常，我非常興奮，練習的更勤了，還不時向嚴老師請教有無更好的捷徑。

嚴老師要我認認真真練《達摩·易筋經》不要太在乎結果，如果太在乎結果，效果反而不佳。

第三年果然不出老師所言，沒有進步。嚴老師苦口婆心地對我說，病來如山倒，病去如抽絲。切不可急躁，更不可貪走捷徑。以「易筋之法」改變體質，係固本之法，堅持修習，將受益匪淺。

我遵從了嚴老師的教導，即使平時工作再忙，也不誤鍛鍊。四年過去了，又到同一所醫院作體檢，醫生驚喜地告訴我，消除了「小三陽」，結果為陰性。Ｂ超：無脂肪肝，一切指標都恢復正常。

現在，凡是認識我的人都說我和以前判若二人。我的體重沒有減輕但壯實了。

這正應了嚴老師一直說的「易筋以堅其體，壯內以助其外」的易筋秘訣。

通訊位址：中國桂林市荔浦縣荔柳路荔浦縣國稅局
郵遞區號：541001（摘自《中華養生保健》07·12）

後 記

繁體字版《達摩·易筋經》即將付梓，此時此刻感恩傳承文明的先輩，大展出版社有限公司的諸多朋友為此付出了辛勤勞動，石卿幾乎承擔了所有的拍攝和編輯工作，在此表示謝意。

國術古本得以重新走近百姓，除了保留了原著原貌外，新增加了DVD視頻演示和十二勢分解掛圖，拙作〈傳承與心得〉續於原著之後，權且起個拋磚引玉的作用，歡迎各界同仁教正。臺灣的同道可聯絡中華禪修氣功療法協會理事長楊武財。

中華養生學的著名學者林中鵬教授、張天戈教授、楊武財理事長替新版寫了序言，深表感激。

我發願：毫無保留的將傳承公開，希望更多的人健康長壽。

嚴蔚冰 合十

二〇〇八年十月十二日於上海浦東

壯內以助其外

易筋以堅其體

聯繫方式

嚴蔚冰

　E-Mail：yan-weibing@hotmail.com

在台灣聯絡處：

楊武財　世界醫學氣功學會副主席
　　　　中華禪修氣功療法協會理事長
　　　　台灣寺大仕殿負責人

ＴＥＬ： 06-3300601、06-2390017
E-mail： chck.chck@msa.hinet.net

國家圖書館出版品預行編目資料

達摩易筋經／嚴蔚冰 編著
－初版－臺北市，大展，2008【民 97・11】
面；21 公分－（養生保健；40）
ISBN 978-957-468-649-0（平裝附影音光碟）

1. 武術
528. 97　　　　　　　　　　　　　97017388

達摩易筋經

編 著 者/嚴　蔚　冰
發 行 人/蔡　森　明
出 版 者/大展出版社有限公司
社　　址/台北市北投區（石牌）致遠一路2段12巷1號
電　　話/（02）28236031・28236033・28233123
傳　　真/（02）28272069
郵政劃撥/01669551
網　　址/www.dah-jaan.com.tw
E－mail/service@dah-jaan.com.tw
登 記 證/局版臺業字第2171號
承 印 者/傳興印刷有限公司
裝　　訂/承安裝訂有限公司
排 版 者/ERIC視覺藝術
初版1刷/2008年（民 97年）11月
初版4刷/2013年（民102年）9月　　　　　定價/350元

大展好書　好書大展
品嘗好書　冠群可期